매호동 연가

매호동 연가

김병락 수필집

수필과비평사

머리말

글벗을 만날 때마다 "그래 책은 냈는가, 살아온 발자취인데…." 인사치레로 건네는 말인 줄은 압니다. 그냥 듣고 흘리기도 뭣한 말들, 간혹 가슴을 압박해왔습니다. 컴퓨터에 묵혀둔 그동안의 글들을 다시 생각하기에 이르렀습니다.

십오 년이란 세월이 흘렀습니다. 속에 감추어진 것들을 채로 걸러 새롭게 되기까지 많은 이해와 노력이 필요했지요. 내 글이 신변잡기에 머물 거라는 생각이 들 때면 어깨가 축 처졌고 '꼭 수필이어야 하나?'라는 의문마저 들었습니다. 그래 한동안 다른 장르에 매달리기도 했습니다. 어쨌거나 문학이 만만히 볼 게 아니라는 것을 분명히 알게 되었습니다.

글쓰기는 가식 없이 진실하게 사는 것이 바탕이 되어야 하나 봅니다. 글을 쓰면서 항상 깨우치며 젊게 살아가는 것도 큰 행복입니다.

지금까지 발표되었거나 간직했던 글을 모아 한 권으로 묶었습니다. 어색하고 부끄럽습니다. “어! 이 사람, 책 나왔네.” 이 수필집을 받아들고 변화무쌍해질 한분 한분 얼굴을 떠올려보는 것도 내겐 또 다른 즐거움이 될 것입니다.

《수필과비평》사와 사랑하는 가족에게 이 호사를 돌립니다.

2019년 1월

김병락

김병락 수필집

매호동 연가

| 차례

2. 애처 종목

3. 파이팅입니다

4. 덩덩 쿵따쿵

5. 매호동 연가

1.
민들레에게 묻다

망상으로 괴로워하고 힘들 때도 있지만, 그걸 잘 극복하면 저 꽃처럼 향기와 사랑을 받을 수 있으리라. 이제부터라도 환하고 대차게 살아갈 힘을 키워보련다.

장터에 가면

그곳은 훗훗한 삶의 터전이다. 비좁은 공간에서의 메마른 삶이 아니요, 힘들고 가슴 아린 삶도 아니다. 백화점처럼 번질대는 삶은 더더욱 아니다. 신경을 곤두세우며 감당해야 하는 곳과는 영 딴판이다.

장터걸에 들어서면 엉킨 긴장감이 사라진다. 의연한 멋을 부리기도 하고 해방감을 만끽한다. 사각팔방에 높낮음이 없으니 사람도 물건도 고른 숨을 내쉰다. 사실 세상은 넓다지만, 우리가 발 디딜 공간은 그리 많지 않다.

장 한 모퉁이에 헌 옷과 구두가 새 주인을 기다리고 있다. 까짓것 안 팔려도 그만, 촌로의 표정엔 아무런 변함이 없다. 가만히 기다릴 줄 아는 모습에서 초탈한 삶의 흔적을 읽는다. 그 옆 약초가게도 역시 찾는 이가 없다. 라면상자 위에 바둑판을 얹어 놓고 신경전을 벌이는데, 낮술에 취한 객이 주차 승강이를 벌이는 게 귀찮아 보인다.

새색시 시집보내듯 수줍어하는 꽃집을 지나 나물가게에서 잠시 걸음을 멈춘다. 풋풋함에 기분마저 상큼하다. 여기저기서 들리는 외침, 동실동실한 소리를 따라 몰려다니는 사람들로 장은 일순 활기가 넘쳐난다.

장터 한가운데에 섰다. 고추방앗간의 매운 냄새, 참기름집의 고소한 냄새, 추어탕을 끓이는 구수한 냄새가 묘한 궁합을 이뤄 잠시 갈 길을 잃는다. 그렇다. 장터는 먼저 궁합이 잘 맞아야 한다. 볼 것이 많아야 하고, 또한 있을 곳에 물건이 있어야 한다. 드센 장꾼들의 삶을 보라. 남이 놀 때 더 뛰어야 하고 뭔가 특출하게 생각해내야 거뜬히 이겨낼 수 있다. 좀스러운 경쟁이 늘 물밑에서 벌어지곤 한다. 조금이라도 물건에 하자가 있거나 비싸면 그곳에서 배겨내지를 못하는 게 장터의 생태인 것이다.

그 바닥에선 무엇보다도 칼 쓰는 솜씨가 좋아야 한다. 생선을 손질하고, 육류를 썰고, 껍질을 벗겨 낸다. 음식을 조리하는 데 필수적이다. 다소 살벌해 보일지언정 그들에게는 도구로서 존귀한 가치를 지닌다. 서슬 퍼런 날이 능수능란하게 도막내고, 오려내는 것을 보노라면 잔혹함은 간데없고 색다른 스릴감에 젖기도 한다.

그들은 잠시도 쉬지 않는다. 마늘이나 우엉 껍질 벗기거나 마늘을 까고 고추꼭지를 딴다. 둔박하고 거친 손을 보면 장꾼들의 질긴 삶의 징표를 대번에 알 수 있다. 오늘 저 물건들을 다 팔 수 있으려나, 춥지는 않을까? 또 더우면 어떻게 견뎌낼지. 자식은 몇이며 하루 얼마를 벌까? 나는 아까부터 돈 안 드는 걱정을 펼쳐놓는다.

또 그들의 식사란 것이 때 놓치기를 밥 먹듯이 한다. 한쪽에 겨우 보자기만 한 자리를 펴놓고 멀건 밥에 반찬 한두 개 아니면, 인근 식당에서 매일 똑같은 걸 시켜서 먹는다. 살기 위해 먹는 것이라서 그냥 먹는 둥 마는 둥이다

어쩌다 눈이라도 마주치면 "사 가이소." 하며 부른다. 참 정겹다. 누가 이토록 척 다가와 가슴에 와 안기려나. 더구나 생면부지인 것을…. 대부분은 자식을 다 성장시키고 인생 뒷줄에 있는 사람들이 장을 지키고 있다. 그래서 더욱 삶의 진한 향수를 느끼게 되는가 보다. 따지고 보면 다 우리들의 아버지요, 어머니이기에 그냥 지나칠 수가 없을지도 모른다. 고향산천을 지키듯이 굳건히 장터를 지키고 있다.

웬만한 물건은 천 원에서부터 시작한다. 만 원짜리 한 장이면 골고루 살 수 있는데 제법 양팔이 무겁다. 게다가 전국 각지의 명산품에다 중국, 남미 물건까지 접해 각지의 무료여행까지 즐기게 되니, 이 어찌 밑지는 장사리오. 영업이 잘되건 못되건 일과를 마치고 한 잔 '쭈욱' 들이켜는 대폿잔에 서린 애환도 날려

보낸다.

장을 다녀오면 때 아닌 부자가 된다. 돌아와서도 방금 스쳤던 인연, 낯익은 물건들이 고스란히 뇌리에 남아있다. 삶이 고달프거나 팍팍해지면 훌훌 장터로 떠나고 싶다. 뭉뭉해지는 날이면 가서 빈 가슴을 꽉꽉 채워 돌아오리라.

가고 싶은 길

나는 자연과 벗하며 살기를 소망한다. 요즘 들어, 자주 삐거덕거리는 정신과 육체를 감지하면서 군데군데 보수하여 살아간다는 것도 힘겨움을 느낀다. 찌든 도시생활을 벗어나 이따금 조용한 산골에 머물며 도란도란 풍광 소리를 나누고 싶다.

몇 굽이 산길을 돌아 하늘 닿는 곳, 아담한 집 하나 짓고 싶다. 주거에 관련된 전문지를 요모조모 견주어 보고 한 일 년 걸리더라도 건실하게 꾸며 보리라. 금방 달려가 우렁이라도 한 소쿠리 건져올 수 있는 개울 옆이면 더욱 좋겠다. 거실엔 꼭 필요한 가재도구 몇 개만 놓아두고, 읽다가 만 책들일랑 그냥 바닥에 나뒹굴도록 해서 조금 여유로웠으면 한다. 작업실을 겸한 이층 다락방엔 사계절 싱싱한 기운이 들도록 주위를 확 트이게 할 것이다. 산속 친구들을 위해 옹달샘 가엔 도토리, 개암나무 씨, 신선한 건초 등을 갖추는 것도 잊지 않도록 하고.

푸른 기와지붕 벽면은 옅은 갈색이 어울리겠다. 담장은 없어도 무방하지만 볏짚 섞인 황토로 작은 외양간 하나쯤은 지어야지. 흙담 위에는 듬성듬성 기왓장을 얹어 거센 빗물에 씻겨 내리지 않도록 해야 한다. 날이 개면 툇마루에 팔을 괴고 누우리라. 흰 새털구름 아래 빨간 장미와 연록의 호박 줄기가 얼키설키 뻗치는 서정미를 놓칠 텐가. 간혹 아궁이에 장작을 지펴 하얀 연기가 골짜기를 감돈다면 그 운치는 또 어찌할꼬. 식탁은 온 가족이 둘러앉아 편안히 이야기하며 식사를 할 수 있게끔 둥글고 긴 것이 좋겠다. 벽지는 그리 눈이 부시지 않은 연노랑색으로 할 것이다. 서고와 책상은 근처 산에서 감촉 좋은 나무를 골라서 쉬엄쉬엄 만들어 보리라. 그 위에 하얀 달빛과 어울리는 연한 주황빛 램프를 밤새도록 켜두고 싶다.

집 앞 연못엔 듬직한 물레방아를 놓아 지겹지 않을 만치 돌아가게 하련다. 긴 대나무 가지를 반쪽으로 잘라 물길도 내어 '졸졸' 흐르는 물소리를 듣고 싶다. 새벽 일찍 일어나 쇠죽 끓여 풋풋한 짚단 삶는 냄새에 취해보리라. 허연 김에 파묻혀 여물 씹느라 얼굴을 뗄 줄 모르는 소, 그가 미련해 보이지만 끝없이 사랑할 수 있을 것 같다. 더운 날 평상에 누워 쓰르라미, 여치 우는 소리를 들으며 낮잠을 청하고, 그래도 심심하면 느티나무 밑 쇠똥구리 구르는 소리도 가만히 귀 기울여 봐야지. 가을바람에 사각 댓잎 부대끼는 소리, 뜰에 빗방울 떨어지는 소리 내 어이 예잔치 않으리오.

아! 가끔 분뇨 냄새도 맡고 싶어라. 화학과 물리 이론이 도입되지 않는 자연의 냄새, 그 인분으로 논밭에 거름을 줄 것이다. 참깨랑 조선콩도 서너 고랑 매어 고소한 깨 맛도 보고, 거실 안에 콩나물을 키워 자라는 모습을 지켜봐야지. 밤이면 약차 끓여 향기와 그윽함에 젖어 되도록이면 언어를 아끼고 싶다. 푸성귀 태워가며 매운 연기로 모기 쫓고, 주변 들풀 냄새를 맡으며 잠시 내 어릴 적 소 먹이던 시절로 돌아가고파라. 갓 따온 싱싱한 수박, 물기 오른 참외 냄새를 맡으며 흡족해 할 테지. 휘영청 달 밝은 밤 아까시 향기에 흠뻑 취하고, 싱거우면 소나무 숲에 가서 송진 냄새를 맡는 것도 비길 데 없다.

이 산 저 산 다니며 두릅을 따다가, 잘 씻어 아궁이 불에 살짝 데쳐 초장에 찍어 먹는 맛도 괜찮다. 흐린 날은 솥뚜껑 위에 배추부침개도 좋고, 앞마당에서 캔 약 도라지를 불에 설 구워 막걸리 한 잔에 안주하는 것도 좋겠다. 산에서만 자라는 갖은 나물과 맛깔스러운 고추장으로 산채비빔밥도 만들어 먹고 싶다. 누런 양푼에 비벼 군침이 돌 때까지 기다렸다가 한 숟갈 떠먹는 그 맛이란. 오이나 가지를 썰어 채국 해먹는 맛도 일품이다. 반찬이 없다 싶으면 된장국 보글보글 끓여 밥에 말아 먹어야지. 그러고

선 시원한 샘물 한 사발 들이켜면 이 세상 무에 부러우랴.

맨흙을 만지고 문지르고 마구 뒹굴고 싶어라. 봄이면 곡식과 채소를 심고 가을에 결실하는 당당한 농부가 되고 싶다. 감이며 대추, 밤나무 몇 그루를 심어 두었다가 수확 때면 아이들을 불러야지. 자동차가 앞마당까지 쑥 들어올 수 있도록 미리 공간을 마련해 두고 그날만큼은 동네잔치라도 벌여 볼 판이다. 아들, 손자, 며느리 다 불러서 사람 사는 기쁨을 맘껏 누리리라. 손자들에게 긴 작대기를 잡게 하고서 이 언덕 저 언덕으로 뛰어놀게 해야지. 설령 밤송이에 손이 찔리더라도 못 본 체하여 아픔을 맛보게 하고, 함부로 감을 따다가 망가지면 아깝다는 것도 가르쳐 주어야지. 이파리에 사는 징그러운 '풀쐐기'도 콩 도리깨질하는 것도 벼 터는 것도 직접 보여 줄 것이다.

가끔 동고동락했던 어릴 적 친구, 부인과 아이들을 불러모아 산골에 사는 재미를 들려주고 대신에 바깥세상 사는 이야기를 바람결에 들으리라. 삼겹살을 굽되 술은 전통 막걸리가 좋겠네. 약간 얼굴이 붉혀질 정도로만 마실 것이다.

단풍철이면 읍내로 나가 가을운동회를 보고 싶다. 선생님은 호루라기를 불며 이리저리 뛰어다니고 아이와 학부모는 웅성웅성대며 먹고 즐기는 곳, 바로 범배들이 사는 곳 아니던가. 때로 삶이 팍팍해지거든 시골장터에 나가 서성거려 보리라. 조금씩 모아둔 돈으로 약초와 산나물을 사고, 명년 농사를 위해 농기구와 비료 몇 포대도 사 모으리라. 가끔 아랫마을 어른을 찾아뵈어 말동무도 되고 맛있는 음식이라도 대접할 수 있는 효도 잊지 말아야지.

장마철이면 한 며칠 마음 편하게 쉬면서 먼 산과 친구하여 깊은 사색에 잠기고 싶다. 그러다가 천둥 치고 소낙비라도 내리는 날에는 비옷 걸치고 뒷마당이며 논에 물고랑 대는 것도, 외양간에 혹여 빗물이라도 새지 않는지 확인해 볼 일이다.

밤늦게, 혹 잠이라도 설치는 날이면 글을 쓰리라.

내가 가고 싶은 길이다. 바로 가고 있는지 한 번씩 점검을 해보지만 결과는 영 신통치 않다. 그럴 때마다 안달한다. 부모 곁을 떠나지 않으려는 어린애처럼 더욱 자연에 안착하려 한다.

신발

문상을 갔는데 맨 꼭대기에 상가가 있었다. 웬 계단이 그리도 많은지 주변은 엉성하고 위험하기 짝이 없었다. 나는 맨발로 진흙탕을 철벅거리며 넋 나간 사람처럼 돌아다녔다. 신발은 올라가다가 벗겨진 건지 행방이 묘연하고, 한참을 그랬을 것이다. 외톨이가 되고 말았다. 신발을 찾겠다고 엉금엉금 기어왔던 길을 세 번씩이나 오르내렸다. 철제 레일이 온몸에 덮쳐와 위협적이기도 했다. 밤이 이슥해졌다. 한쪽에선 병사들이 무장한 채 열심히 훈련을 하고 있었다. 난감했다. 아, 모든 것을 포기하고 기진맥진하여 내려오던 그때, 중턱 어디쯤에서 신발을 찾았다. 파란 신발, 분명히 내 아끼던 그 신발이 맞았다. 그러다, 그러다가 잠을 깼다. 꿈이었다.

잃은 것에 대한 지레 두려움일까, 신발을 분실한 것은 고생을 뜻하는 게 아닌가 싶다. 그 상흔이 오래도 간다. 하 많은 것 중에 하필이면 신발을 잃어버려서 뒤숭숭한 꿈까지 꾸게 되었는지. 오늘 하루는 아무 일 없어야 할 텐데, 괜스레 후들대고 있다.

수년 전, 단체로 여행을 가게 되었다. 은빛 모래 섬진강을 끼고 남도의 땅을 밟는 기분은 지쳐있는 심신을 풀어주기에 충분했다. 문학관 관람을 마치고 점심을 위해 식당으로 이동했다. 사십여 명이 한꺼번에 밀어닥쳐 일순 분답했다. 음식은 특산 재첩 국이었다. 그런데 걸쭉하게 한 그릇을 다 비우고 나서려는데 문제가 생겼다. 제자리에 있어야 할 신발이 없어진 것이다. 설마 '다른 곳에 섞여 있겠지.' 하며 일행이 다 나갈 때까지 대수롭지 않게 여겼건만, 끝내 내 신발은 보이지 않았다. 가차 없는 낙오자 신세가 되고 말았다.

맹수에 쫓기는 새끼노루가 떠올랐다. 급작스런 상황이 펼쳐지고 있다. 각자 신발을 신고 나가는 사람들의 뒷모습을 바라보니 그렇게 부러울 수가 없었다. 섬진강은 볕 아래 더욱 반짝였고, 나뭇잎도 푸르렀다. 식당 앞 과수원이랑 관광버스도 그대로였다. 식사를 마친 일행의 표정도 찜찜해 하긴 마찬가지인 것 같았다. 미안했다. 그놈의 신발이 나를 버렸다는 생각이 들었다. 식당주인이 자기 신발도 확실히 모른다며 미심쩍어해 더 어이가 없었다. 결국, 하나 남은 신발은 싸구려에 헌 것으로 내 발 길이보다 더 컸다.

신발 잃어버린 경우는 난생처음이었다. 화개장터에서 고무신이라도 있으면 하나 사려고 했지만, 먹는 장사만 왁자그르르 시끄러웠다. 쌍계사를 올라갈 때는 떠다니는 기분으로 방향 감각조차 희미했다. 남의 신발을 일시 빌려 신는 것 하며, 알지도 못하는 사람과 교감을 나눈다는 것은 도무지 유쾌한 일이 될 수 없었다. 걸음걸이가 자꾸만 이상해져 가재걸음 같기도 하고, 똥마려운 강아지처럼 힘이 실리지를 않았다. 오죽했으면 절간에서 스님 신발에 뜸을 들였을까. 댓돌 위에 놓인 하얀 고무신이 얼마나 정갈하고 평온해 보이던지.

그까짓 신발 한 켤레가 뭐 그리 대단하다고 이런 번민을 주나. 법당 스님처럼 흰 고무신 하나면 넉넉한 것을. 그래 어쩔 수 없다. 잊기로 하자. 어차피 이렇게 된 것, 여행 분위기를 망칠 수는 없지 않은가. "천둥산 박달재를 울고 넘는 우리 님아…." 애창곡 한 곡을 뽑았다. 노랫소리에 버스 뒤쪽에서부터 모자가 돌아갔다. 발 빠른 총무님이 협찬을 받으러 다닌 것이다. 구원과 위로를 위한 이벤트였다. 결과는 신발을 사고도 남는 장사였다. 애틋한 마음에 감사를 드리지 않을 수 없었다.

얼마나 답답했으면 남의 신발을 신고 갔을까. 바꾸어 신고 간 사람 심정을 이해하자. 그 신발은 고의든 타의든 내 곁을 떠나버렸다. 얼마 안 가 새 주인에게 소박이나 맞지 않았으면 좋겠다.

섬진강 나루터, 경상도와 전라도를 가로지르는 저잣거리에 나다니며 정 붙여 잘 있기를 빌어 주었다.

집에 도착해서는 일체 비밀로 했다. 남의 신발을 끌고 다니다 오졸댄다고 할지 몰라, 아예 신고 온 신발은 멀리 쓰레기통에 버렸다. 그 다음 날 당장 신발가게로 가서 똑같은 것으로 구매를 했다. 그날로 신발사건은 마무리되는 듯했다. 여권이 내일 나온다는 전갈로 마음은 중국 장가계로 가 있을 무렵, 작은아이한테 전화가 왔다. 사실 신발은 중국여행을 가고자 구입한 것이었다.

"아빠, 이 신발 아빠 거 맞아요?" "그럼, 맞지." 어찌 감이 이상했다. 뭔가 잘못 되어가고 있다는 정황이 스쳐 지나갔다. 더운 날씨에 땀을 훔쳐 가며 나대로는 감쪽같이 대체한 신발이 아니던가. "아닌 것 같은데요." 이거 무슨 귀신 씨나락 까먹는 소리인가. 일부러 헌 신발처럼 표시 내려고 직장에서 며칠을 신고 다니기도 했다. 도대체 뭐가 다르다는 건지. 그렇구나. 완전 범죄는 없었다. 적어도 내 수준으로는 불가능하다는 것이 만천하에 드러난 셈이다. 나중에 알고 보니 신발의 검정 색깔이 더 진하고, 모양이 길게 옆으로 더 벌어졌다는 것이 집사람의 설명이었다. 결국, 나는 자초지종을 이실직고할 수밖에 없었다.

그 후로 나는 신발 관리를 철저히 하는 편이다. 더불어 발을 소중하게 생각하는 계기가 되었다. 맨 밑바닥에서 얼마나 고생을 할까. 춘하추동 걷고 달리고 뛰어오를 때마다 충격으로 편한 날이 없을 것이다. 가끔 식당을 가보면 '분실된 신발은 책임을 지지 않습니다.'라고 적혀 있다. 잃어버린 사람의 머쓱함이란 당해본 사람만 알리라. 오전 내 집사람 따라다니며 신발을 두 켤레나 샀다. 분에 넘친다. 걱정이 아닐 수 없다. 분별없이 또 잃어버릴까 봐서다.

길 떠나기

뜻 맞는 사람들과 함께한다는 것은 늘 정겹다. 바쁜 세상을 살아가면서 그것도 하루 일과를 마치고 밤길 따라 고즈넉한 산사를 찾는 일은 행복한 일이다. 사는 것이 힘들고 한 치 앞을 내다볼 수 없는 불안함 속에서 잠시 도회를 일탈해보고 싶은 생각이 어디 나쁜일까. '직원 불자회'에서 사찰순례를 떠난다. 달과 별을 벗 삼아 산속 암자를 오르는 까닭은 필시 성불을 이루고자 함만은 아니다. 황금이라도 캘 듯 잔뜩 기대에 부푼 일행들, 피곤함도 잊은 채 두 눈망울이 초롱처럼 빛이 난다. 밤길, 버스 안이 부처님 품안처럼 따사롭다.

겨울철, 사리암 가는 길이 적적해 보인다. 운문사에서 자동차로 왼쪽 산길을 십여 분 달리니 넓은 마당이 달빛 아래 훤하다. 성도절 하루 앞이라 찾는 불자가 많을 것이라 예상했지만 추운 날씨 탓인지 그리 많지는 않다. 일행들은 저마다 가지고 온 짐과 옷을 챙긴 뒤 불빛을 좇아 잰걸음이다. 물소리, 새소리마저 깊은 침묵에 빠져있다. 고개를 하나 넘으니 웬걸, 휘둥그레 한 물체 하나가 물음표의 형상을 하고 산 중턱에 걸려 있다. 사바에서 열반으로 인도하는 화신의 별빛인가, 눈을 비비고 다시 쳐다본다. 가로등 불빛이었다. 장관이다. 나는 또 새 화두 하나를 걸머지고 간다.

가는 이 길이 해탈의 길이었으면 좋겠다. 앞만 보고 열심히 오르는 이들, 단단히 벼르고 왔으리라. 마음속에 모두 커다란 부처 하나씩 안고 돌아가리라고. 열심히 공덕을 쌓는다면 바라는 소망 다 이루리라는 기대에 부풀어 있을 것이다. 그 고운 심성이 부처의 마음과 무엇이 다르랴. 절체절명의 소명 하나씩 걸머지고 걷는다. 저들은 경쟁심도 없고 서로에게 감출 것도 잘 보일 필요조차 없는 자들이다. 마치 목동의 지팡이 하나만을 믿고 따르는 순한 양들과도 같아 보인다.

며칠 전부터 감기로 고생을 해온 터라 찬 공기가 싫지만 그렇다고 피하기는 더욱 싫다. 우려한 대로 절반도 못 가 숨이 차올라 결국 제일 후미로 처지고 말았다. 내 오늘 무언가를 이루려다, 혹 다른 것 하나 잃고 돌아가지나 않을까 발맘발맘해가며 이를 악문다. 행여 한 사람이라도 다치지나 않을까 뒤를 따르며 염려해주는 자들이 있어 푸근하다. 그래서 도반이라고 하는가 보다. 오르는 길은 우리의 삶처럼 굴곡이 심했다. 조금 평지라서 오를 만하다가도 이내 꺾여지고 잠시도 빈틈을 주지 않았다. 우리의 인내와 결단을 시험하는 것 같았다. 반질반질한 돌에 혹 눈이나 비라도 내리면 어떻게 될까, 괜한 기우를 하며 걷고 있다.

사리암은 운문산 꼭대기에 거대한 바위를 깎아 세워졌다. 산 일대를 관할하는 신령처럼 두 눈을 크게 뜨고 지켜보고 섰다. 자기가 호령을 하지 않으면 삼라만상이 한 발짝도 이동할 수 없는 위엄을 갖추고 있는 것 같아 보였다. 사리암은 석가가 열반 후 미륵불이 출현하기 전까지 중생을 구제한다는 나반존자 상을 모신 암자다. 기도 효험이 있어 각지에서 발길이 끊이지 않는다고 한다. 법당과 계단들은 최근 중창되어 구금이 엇갈리는 다소 산만한 분위기를 느끼게 하나, 절묘한 위치에 그윽한 향취는 이 야심에도 산속으로 사람을 불러들인다. 편안한 도량이다.

벌써 타지에서 일찍 온 사람들은 기도에 전념하고 있었다. 저 도반들은 무슨 업을 지어 알 수 없는 미명에 빠져 있을까. 꼭 이루고야 말겠다는 정념 하나로 굽이진 산길을 찾아왔을 것이다. 나도 그 틈바구니를 헤집고 마루 한쪽에 앉아 기도를 드린다. 위로는 깨달음을 구하고 아래로는 중생을 구제하라는 말씀을 지키려 이제껏 노력해 왔다. 하지만 깨달음은 고사하고 늘 자신이 없다. 나 자신만의 안분지족을 얻으려 비굴하게 살고 있는 것은 아닌지. 끊임없는 참회에 가슴만 빈 가슴만 태우고 있다.

지금까지 새롭게 태어나고자 그 얼마나 노력해 왔던가. 공들여 왔던 것이 아깝지도 않은가. '자, 이제 그만 현실에 얽매이게, 왜 그리 그대 생각에만 파묻혀 헤어나질 못하나.' 그래, 허약하고 때로는 이기적인 감정을 허허로이 떨쳐내야 한다.

문밖을 나서니 찬 기온이 전신을 휘감는다. 바위틈에서 갈마바람 한 가닥 깨달음의 희열을 심어주려는 듯, 흐릿한 정신을 일깨워 준다. 짜릿한 전율이 온몸에 인다. 이곳 산사에서 정기를 받음은 또 다른 나를 보는 것과 다름없다. 겨울 잔별들이 속세가 궁금하여 가만히 내려다보고 있다. 저잣거리에는 무심한 별들일지 모르지만 이곳 산골에선 고급스럽기만 하다. 과묵하게 지키고 있는 산, 깡그리 잎새를 떨군 나무들도 숨을 죽이고 바람에 몸을 맡긴다. 간혹 스산하게 부는 바람이 이렇게 좋을 수가.

오늘 저녁, 함께한 도반들이 있어 삶이 푸근하다. 저마다 깊은 성찰을 이루고자 하는 일념으로 부처님 전에 다가서는 모습이 외려 눈물겹다. 언제나 그렇듯이 돌아오는 길은 표정들이 가볍고 웃음소리가 돌돌 구른다. 마음속의 티끌을 벗어 던져버린 듯, 편안하고 가식 없는 얼굴이 한결 순수해 보인다. 인생무상, 그 당연한 지론에 묶여 허우적대는 우리들의 삶. 도저히 혼자서 감당치 못할 때면 표표히 나는 또, 오늘처럼 다툼 없는 그런 세상 찾아 떠나가리라.

뒷모습의 여운

비슬산에 가랑비가 내린다. 빨간 고추잠자리가 논둑에서 이리저리 풍경화를 그리며 선회하더니 서 있는 버스 창가에 앉았다. 세상구경 처음 하는 강아지가 쫄랑대듯 그 잠자리도 모든 게 신기했던 모양이다. 슬며시 꽁지를 쥐었더니 그대로 손에 잡혀 든다. 용감무쌍하던 잠자리가 잡힌 후로는 날개 꺾인 새처럼 나약해짐이 확연해졌다. 어디 다친 데라도 있는지, 아니면 환경에 적응이 안 돼서인지, 날개를 몇 번 퍼덕이더니만 꼼짝도 하지 않는다. 의자 밑에 납죽이 엎드려 있는 그 모습, 우리 삶의 한 단면을 보듯 초라하고 허망하다.

나뭇가지를 흔들어도 움직임이 없다. 꽤 오랜 시간이 지났는데 잠자리가 요동 없이 앉아 있다. 집게손으로 살며시 잡으니 파르르 겨우 날갯짓만 한다. 허공으로 종이비행기 날리듯 놓아 보지만 힘차게 날지를 못하고 바로 앞 길바닥에 떨어지고 만다. 몇 차례 시도를 해 보아도 결과는 매 한가지다. 풀 섶에 고이 놓아

두고는 왔지만 안쓰럽기는 마찬가지다. 밤비를 맞으며 오들오들 떨고 있지나 않을까, 뒷일이 궁금해진다. 가련한 잠자리 저러다가 죽지나 않을는지.

산을 오른다. 짙은 안개가 산을 감돈다. 어떤 규율에 따르는 건지 동쪽으로 질서를 고수하고 있다. 떼거리로 몰려서 어디까지 가려는지 온통 산언저리가 희뿌옇다. 수백 년 묵은 소나무 군이 더불어 이 가람을 지켜왔다. 다소곳이 절간을 감싸며 부둥켜안고 있는 모습은, 필요에 따라 서로서로 의지하는 것이리라. 풍수지리에 문외한인 나도 이 절간은 명당처럼 보인다. 명당 아닌 절간이 어디 있을까만, 고요한 웅덩이처럼 늘 사색의 뒤안길이 되어준다. '수도암' 벽면을 따라 그려 놓은 심우도尋牛圖는 경관이 아름답고, 열 폭에 담긴 뜻도 세인을 강렬하게 끄는 힘이 있다. 길게 늘어선 돌담이 주변과 어울려 아늑함을 드러낸다.

나는 살짝 감추는 묘미를 즐긴다. 모든 걸 드러내기보다는 본연에서 한 걸음 물러선 그 뒤안길이 좋다. 남이 잘 보아주지 않는 관심 밖의 것들을 생각해 보라. 항상 음지에 있으면서 환영받지 못하는 엑스트라 같은 인생, 누가 눈길 한번 주지 않는 돌밭에서도 꿋꿋이 생명을 지켜나가는 잡초처럼 질기면서도 강한 색다른 멋을 찾고 싶을 때가 있다. 그냥 있는 대로 훑어보고, 전체적으로 곰곰이 따져가며 한 번 더 되새겨 보는 것이다. 그래야 오래도록 기억에 남으면서 뼛속 전부를 다 본 것 같은 만족을 느끼게 된다. 모든 일을 앞만 보고 판단하기에는 더 중요한 무엇을 놓치는 기분이다. 마당 뒤편에 숨어 있는 은막을 하나씩 풀어헤쳐 나가는 재미를 어디다 비기랴.

사람도 그 뒷모습에서 됨됨이를 가름하는 게 좋을 듯싶다. 뒤끝이 안 좋은 사람은 믿음이 없어 보이고, 권모술수로 남을 곤란에 빠트리게 한다. 쓸데없는 탐욕을 부려 작고 별것 아닌 곳에 승부를 걸어 걸핏하면 남을 적대시하여 시비를 걸기도 한다. 신임을 얻지 못해 사귄 사람과 오래가지 못하고, 쉽게 단절이 되어 결국 자신이나 주위 사람들에 적지 않은 손실을 입힌다. 겉으로 번지르르해도 속이 텅 비어 있는 사람, 그런 자의 속마음을 바르게 읽지 못하는 사람의 삶 또한 불절간 뒤쪽에 장독대가 정연하다. 곧고 풋풋하게 자라는 옥수수, 길섶에 엉키어 자라는 호박, 가지, 참깨가 수확을 앞두고 있다.

돌담길을 올라 맨 꼭대기에 있는 산신각은 향이나 촛불도 없이 늘 외로운 영역이다. 예전엔 아들 딸 낳아 달라고 빌며 영험이 있던 곳으로 문전성시를 이루었다지만, 지금은 대숲 소리만 사각일 뿐 적적하다. 요사채 아궁이엔 가마솥이 여러 개 걸려 있다. 벽이 시커멓게 그을린 모습을 보아 얼마 전 사월초파일에 사용을 했음 직하다. 차곡차곡 쌓여있는 나무장작을 보면 덩달아 부자가 된 기분이 든다. 채마밭을 가꾸느라 스님이 사용한 밀짚 모자며 장화, 쌓아둔 퇴비포대에 친밀감을 느낀다.

그러고 보면 인간의 뒷모습은 한 점 부끄럼 없는 가을하늘처럼 늘 자유스러운 것이 좋겠다. 형식에 얽매이지 않고 넘어진 것, 뒤집힌 것, 부러진 것을 다 수용하는 자세로 살아가는 것 말이다.

누구나 경험하지만 사랑하는 사람과 헤어짐은 큰 슬픔이다. 같이 있을 때는 모르다가도 얼마간 떨어져 있으면 더욱 보고파지는 것이 우리 인간의 본질이요 이중적 근성인가 보다. 사랑하거나 아쉽거나 할 때 누구나 뒤를 한 번 더 돌아보게 된다. 어머님이 자식을 객지에 보내면서 산모퉁이를 돌아설 때까지 뒷모습을 보는 것은 얼마나 애틋한 사랑의 표징인가. 우리는 흔히 숨은 공로자를 발굴하려 애를 쓰고, 그런 사람을 만나면 우러러 보게 된다. 음악에도 잔잔히 깔리는 배경음악이 더욱 좋다. 좋은 사람이 좋은 글을 낭송할 때 귓전을 파고드는 피아노 음반 소리, 고저음의 조화 그리고 침묵하는 관객들, 은은하고 감미로운 시간이 아닐까 한다.

산사의 종소리가 발길을 멈추게 한다. '두우웅' 오랫동안 슬픈 여음은 비슬산 자락에 울려 퍼진다. 그 적막함이 안타까움을 더해 숨이 막힌다. 무어라고 깨우침을 주려는 듯하다. 마침내 세상이 평정해졌음을 천하에 고하는 것 같기도 하고, 모든 고통과 번뇌를 잠재우는 소리일 수도 있겠다.

저 종소리는 방황하는 나를 일깨우기 위함으로 받아들이자. 너는 왜 오늘 이곳에 왔는가. 너의 뒷모습은 어떤가. 허울과 탐욕으로 가득 찬 것은 아닌가?

오늘따라 단청 없는 일주문이 더욱 외롭고 쓸쓸하다. 본연의 모습을 찾고자 애태워 보지만 허상만 눈앞에 가득하고, 나는 그만 눈시울을 적시며 왔던 길로 돌아선다. 힘 잃은 잠자리의 뒷모습이 초라한 내 모습인 양 자꾸 아른거린다.

민들레에게 묻다

신천변에 주차하고 막 지나려는데 전면 벽돌 사이에 노란 물체가 바람결에 간드랑대고 있었다. 민들레였다. 수직의 벽에서 뭇 생명이 가느다란 허리 하나만을 지탱한 채 지난겨울, 아마도 더 오래전부터 생존해 왔던가 보다. 메마른 틈새, 척박한 환경에서 놀랍게도 한 생명이 꿈틀대고 있었다.

더러 이런 광경을 목격한 적이 있었지만, 이번은 달랐다. 그곳은 한 치의 여유도 없는 콘크리트 벽면이었기 때문이다. 그 비좁은 데를 파고들어 정착하는 끈질김과 투지, 또 저력이라니.

푸른 피가 거꾸로 솟구치는 아픔을 평생 느꼈을 것 같아 참 가련하다는 생각이 든다. 곤두박질치는 벽에서 한 가닥 희망을 품고 커가는 민들레, 제 집인 양 조신하게 형체를 유지하며 살아가는 게 대견하다. 설령 앞길이 불안정하고 의심스러움에 직면해 있을지언정 저 유월의 아침햇살을 방긋 맞이하는 여유로움을 보라. 문득 부끄러워진다.

사람들은 웬만한 것을 보고 놀라거나 쉽게 감동하지 않는다. 기상천외한 것을 봐도 어딘가 꾸며놓은 듯 고개만 갸우뚱, 무관심에 가깝다. 반면에 세상살이는 어떤 자그마한 틈도 가만 놓아두질 않는다. 침투와 공략에 온 힘을 가한다. 다 인간이 만든 덫이다. 저마다 그 틈을 보이지 않으려고 기 싸움을 하고 있다. 나에게로 점점 옥죄어 오는 것들로 심신은 늘 피로하다. 이대로 늙어 쓰러지면 그만이겠지만, 한 번도 그 완성품을 보지 못하고 사라지는 것이 아쉬울 수밖에 없다.

오늘도 최상을 향해 치닫고 있다. 어떻게 만날 뜬 눈으로만 살아갈 수 있겠는가. 간혹 한쪽 눈을 감거나 공허한 마음으로 호수나 숲길에 퍼더앉아 쉬고 싶다. 나는 가만 있는데 주위에서 자꾸 부추긴다면 핑계일까? 내 뜻대로 되는 일이라곤 그렇게 많지 않다. 저 민들레도 불식간 자리를 잡았을 뿐이다. 잠시도 방심하면 잡아먹히고 마는 세상, 방심을 공략한 민들레꽃이 전혀 밉지 않다. 살아가는 방법인 동시에 저만의 처세술인 셈이다. 그 질긴 생명력에 비장감마저 든다.

빠르고 중량감 있는 것, 색과 향도 진한 것이 통하는 세상이다. 가벼움은 살아남지를 못한다. 이 땅에 흔한 것 보통의 것은 오래가지 못하고 주목받지도 못한다. 무엇이든지 최고가 되어야 하고 높아야 하고 고급이라야 통하는 세상에서 종내는 기력을 잃고 만다. 긴장을 촉발하면 발전의 여지도 있지만, 아무래도 위험한 일이 더 많을 것 같아 부담스럽기만 하다.

딱 한 줄기 솟아오른 저 꽃, 머잖아 훌훌 날려버릴 가엾은 몸동아리지만 수년이 지나도 튼실하게 살아있을 것만 같다. 질기디질긴 민초의 본성 아니던가. 오히려 그 비좁은 틈새는 누가 방해를 놓을 수도 없어 명당 중의 명당인지도 모르겠다. 훼방꾼의 시선에서도 멀찌감치 벗어나 있다.

가만히 다가가서 셔터를 눌러본다. 위에서 짓누를 듯 아까시나무가 눈을 부라리고 있다. 비록 잔가지가 땅속으로 기어들지를 못해 녹슨 쇠붙이처럼 말라비틀어져도 푸른 잎은 건강미를 과시하고 있다. 세월이 흘러도 끄떡없다는 듯, 또 더 많은 가족을 거느리고 싶은 각오에 차 있다.

민들레! 굳건한 자태가 오늘 아침에 요동치게 하는구나. 죽음을 무릅쓰고 모진 겨울을 이겨낸 장한 꽃이 아니던가. 누가 뭐래도 제 자란 터가 못마땅해서 한 번 찡그린 적 없고 오히려 자랑스럽게 이 땅에 기쁨을 주지 않았나. 묻는다! 때 이른 이 더위는 어디로 날려 보내고 그리 상쾌한 얼굴을 보일 수 있는지. 날렵한 몸매에 살랑대는 춤사위가 저렇게 흥겨울 수가 있을까. 걱정스럽다. 거꾸로 매달린 삶, 혹여 건너 아파트 단지를 보며 어지러워하고 있지나 않는지. 신천의 물을 보며 하늘이라고 생각하지는 않는지 알 수 없다.

나도 틈을 보이고 싶다. 때로는 빙 돌아서도 가고 쉬어서도 가는…….

모든 게 보는 것에 따라 다른 개념인 것, 분명 내가 볼 때는 비좁고 위험해 보여도 상대는 그게 안락일 수도 있다. 망상으로 괴로워하고 힘들 때도 있지만, 그걸 잘 극복하면 저 꽃처럼 향기와 사랑을 받을 수 있으리라. 이제부터라도 환하고 대차게 살아갈 힘을 키워보련다. 새삼 바르게 서서 걷고 말하고 살아가는 게 귀하고 고마운 아침이다.

땀

길을 걸으며 가게를 살피는 버릇이 있다. 진열된 상품을 우선 보게 되지만, 주인이 뭘 하고 있는지 더 눈여겨보게 된다. 손님이 여기저기 서성대면 성업 중이라고 보면 될 것이고 물건 정리나 청소를 하고 있으면 그나마 생산적이라 마음이 편해진다.

오늘같이 날씨마저 더운 날, 계산대에 앉아 하릴없이 컴퓨터 게임이나 선하품을 하고 있으면 보는 사람도 안타깝다. 더구나 가게 앞에 서서 오가는 사람을 바라보며 혹여 내 집 손님이 아닐까 기대하는 듯 표정을 보면 눈 마주친 쪽이 더 민망해진다. 많은 시설과 돈을 투자해서 휑한 바람만 분다면 얼마 안 가 또 '점포정리' 같은 안내판이 붙을까, 괜히 걱정스럽다.

전통시장엔 그래도 많이 붐빈다. 튀김집에서 풍기는 냄새가 푹푹 찌는 날씨와 겹쳐 짜증을 내기도 하지만, 그곳엔 가을 활어처럼 생동감이 넘쳐서 좋다. 발 디딜 틈조차 없는 공간에 하나라도 더 팔기 위해 매미처럼 목청껏 외쳐댄다. 풋풋한 삶의 현장치고 이곳만 한 데가 어디 있을까, 늘 반문하곤 한다. 상추며 깻잎 등 푸성귀를 내놓고 한 아주머니가 꾸벅꾸벅 졸고 있다. 바로 옆에선 연신 찬물을 뿌려가며 싱싱한 해산물이 도착했다며 호객하는 젊은이가 대견하다. 하필 벌이가 시원찮은 채소 난전엔 꼭 할머니들끼리 다닥다닥 붙어서 장사를 하는지 볼 때마다 갸우뚱한다.

물건을 산더미같이 쟁여 놓은 옷가게에 외국인 몇 명이 흥정에 한창이다. 여성 속내의가 대부분이라 난 쑥스럽기도 해서 기어들어가는 목소리로 여기 손수건은 없냐고 물었더니 누군가 저 안쪽으로 들어가란다. 어디가 입구이고 누가 주인인지 분간도 할 수 없다. 한참을 헤맨 끝에 저 한쪽에서 팔십이 다 된 노인 한 분을 발견했다. 밀림 속 추장처럼 우두커니 앉아 있다. 마주친 순간 얼떨결에 손수건을 찾노라고 하자, 단번에 알려 주었다. 모습으로 봐 그가 가게를 수십 년 운영해온 주인임을 금세 알아차렸다. 문턱을 나서면서 이것도 올곧은 장인 정신이 아닐까, 나이가 들어 할 일 없다는 말이 무색하다.

한때 나도 장사를 한 적이 있었다. 어려서 가장이 되어 시작한 것이 분식점이었다. 평소 어머니의 음식 솜씨를 발휘하여 쉬이 할 수 있는 건 분식점이 좋겠다 싶어 문을 열었다. 그런데 생각보다 쉽지 않았다. 생전 처음 하는 장사라서 닥치는 어려움이 한둘이 아녔다. 손님 응대도 그렇고 팔지 못한 재고가 더 문제가 되었다. 도넛이나 가락국수, 라면을 요리해 팔아서는 그 달가게세 맞추기조차 어려웠다. 겨우 점심시간에 길 건너 대리점 직원 몇 명이 고정손님인데 그나마 단조로운 식단으로 들락날락해 영업부진의 큰 이유였다. 그때 난, 입대를 기다리고 있던 터라 이러지도 저러지도 못하고 가게에 매인 몸이었다.

종일 있어도 손가락을 꼽을 수 있는 손님, 어떤 날은 마수걸이도 못 했다. 잘 팔리지도 않아 도넛 납품 업자에게 도리어 면목없었다. 그는 일주일에 몇 번 가게를 들여다보고는, 위치도 문제지만 장사를 이래서는 안 된다며 뭔가 색다른 걸 주문했다. 국수 종류를 늘려 배달을 한번 해보라는 것이었다. 곧 바로 우린, 가게 유리창에 '칼국수 · 비빔국수 판매개시'를 써 붙였고 마침 내 인근 공장에 야근 직원들의 국수를 주문받게 되었다. 한꺼번에 삼사십 그릇을 배달하는 건 보통 일이 아니었지만, 어머니와 난 힘든 줄 모르고 뜨거운 불과 씨름하며 국수를 건져냈다. 무거운 쟁반을 들고 수차례 계단을 오르내렸다.

그럭저럭 가게세도 맞출 수 있었고 신명이 났다. 흘린 땀이 고귀하게 여겨졌다. 그러나 거기까지였다. 몇 달 가는가 싶더니 회사가 경영 악화로 문을 닫았고 우리의 야심 찬 분식점도 결국 막을 내리고 말았다.

장사는 아무나 하는 게 아니란 걸 그때 알았다. 돈도 쉽게 벌 수 없다는 것을 깨달았다. 뭔가 차별되고 손님이 이득을 본다는 마음이 생기도록 하는 것이 관건이겠다 싶었다. 무작정 차려놓고 손님이 오겠지 하는 건 감나무 밑에서 감 떨어지기를 바라는 것과 다르지 않다는 것을 왜 몰랐을까 마는, 그 후 난 장사와는 맞지 않다며 절대하지 않을 것이라고 다짐했다. 남의 심리를 적절히 이용도 해야 하는, 고단의 인간관계가 필요할 거라는 게 부담스러웠다. 특유의 상술을 가진 자에 대한 부러움도 가졌지만, 한편으로 그걸 피하려는 현상도 생겨났다. 그러나 뜻대로 되는 게 아니었다. 결혼할 때 아내가 오랜 장사 집의 규수였으니.

나선 김에 하얀 고무신도 하나 샀다. 한창 더운 때 집에서 나와 신발을 두 번이나 갈아 신고 돌아다녔으니 피곤할 만도 하다. 골목에 들어섰다. 구수한 냄새가 미각을 자극한다. 숭숭 인심 좋게 썰어 넣은 돼지고기에 고추 양념과 새우젓을 넣은 허연 국밥이 먹고 싶었다. 이열치열, 따뜻한 국물이 오히려 제격인 것 같아 그중 조용한 식당으로 들어선다. 주인아주머니가 일어나 반긴다. 북적이는 다른 집을 제치고 부러 조용한 집을 택했다. 먹으면서 고기도 듬뿍 얹고 국물도 담백하여 식당을 잘 선택했다며 혼자 고개를 끄덕였다.

국그릇을 다 비울 때까지 식당엔 티브이 소리뿐이었다. "오늘 좀 조용하네요." 주인이 한산한 식당의 어색함을 깨려고 먼저 말을 건넨다. "네, 날씨가 더워서겠지요." 난 그렇게 말해놓고 커피믹스 한 잔을 뽑아 음미하면서 그래도 삼십여 년 전 어머니와 분식점에서 하릴없이 손님을 기다렸던 것에 비할 바가 아니라고 생각했다. 밖을 나와서도 그 여주인이 겸연쩍어하는 모습이 못내 걸린다. 나는 돼지 육수로 인해 흠뻑 젖은 목덜미를 손수건으로 연신 닦으며 긴 골목을 빠져나왔다. 막 땡볕은 성암산을 넘어서고 장터엔 땅거미가 내려앉았다.

형제봉을 오르며

산등성이에 고목이 듬성듬성 내동댕이쳐져 있다. 몸집이 커다란 늙은 사자가 병마에 쓰러져 헐떡거리는 것 같다. 수십 아니 수백 년을 하늘이 내려준 터전에서 불평 한마디 없이 살 붙이고 정 붙이고 살아왔건만, 지난여름 매몰스런 태풍으로 부러지고 터지고 상처투성이가 됐다. 순간에 벌어진 상황을 당치 못하고 생을 거두는 한 그루 떡갈나무를 바라보며 애처로운 마음을 떨칠 수 없다. 내가 할 수 있는 일이 무얼까 생각하다, 등산객들이 휙휙 타넘고 지나치지 않게끔 나무 둥치를 길 가장자리로 돌려놓아본다. 짧은 시간이나마 허리를 바로 펴 편안히 해 주는 것이 시급해 보인다.

재작년 봄부터 자주 오르내리는 형제봉 철길 옆에는 요즘 산을 깎아내고 바닥을 다지는 공사가 한창이다. 연방 굉음을 내며 굴삭기는 흙을 퍼 나르고, 트럭은 낮은 곳을 찾아다니며 되메우기에 분주하다. 올 연말이면 넓은 길이 뚫리리라는 기대에 차있다. 이젠 월드컵 경기장까지 속 시원히 달릴 수 있으리라. 좌우론 푸르고 훤한 들판이 펼쳐지고 도심 속에서 전원을 보는 재미가 쏠쏠할 것이다. 나는 언제부터인가 공사 중인 현장을 보며 그 완공된 모습을 그려 보는 게 취미가 되었다. 사통팔달의 도심 광경을 그리며 뿌듯한 희망을 가진다. 그런 장밋빛 청사진을 안고 형제봉을 오른다.

한여름을 절규하며 울부짖던 매미소리도 점차 쇠잔해졌다. 퍼붓는 햇살 아래 촛농 엉겨붙듯 그 옹찬 협동심도 서서히 바람결에 외롭다. 열차가 터널 저쪽에서 기세가 당당하게 달려온다. 차내 사람들은 창가에 펼쳐지는 경관을 멍하니 바라보며 눈만 끔뻑이고 앉아 있는 듯하다. 하기야 자기 목적지만 가면 될 테니 여타 주변 것들이야 애초부터 상관없는 일인 것을. 무심한 차창 밖으로 과수원, 대나무 숲 그리고 하늘 높은 줄 모르고 치솟은 아파트촌들이 줄달음칠 것이다. 원하든 원하지 않든 이내 지나가버리고 또 낯선 것들이 밀려오는 세상사가 아니던가.

인간도 자연의 한 부분이거늘 뭐 별난 게 있으랴만, 쉴 새 없이 터져 나오는 세상사 풍진에 혼미하고 불안해질 따름이다. 지금 고통인 것이 내일 희열일 수 있고 가진 자가 하루아침에 빈털털이가 되는 양면성을 보며 살아들 간다. 불행과 행복이 동시에 존재하는 것처럼 한쪽이 붕괴하면 또 한쪽에선 건설하고, 병

들고 죽으면 또 후손이 이어받아 한 세상을 꾸려가고 있다. 우리는 한 치 앞을 모르고 살아가는 나약한 존재일 뿐. 그러는 가운데 존재의 의미는 늘 살아 있음을 깨닫게 해주는 것이 아닐는지.

주인 없는 애호박 한 개가 까칠한 넝쿨에 매달려 있다. 작은 농촌을 옮겨 놓은 듯 형제봉 주변엔 제법 크고 작은 텃밭이 많이 생겨났다. 지난봄부터 일구어 왔던 할머니의 결실도 주렁주렁 달려오고 있다. 푸른 배추포기하며 물오른 빨간 고추, 나무 꼭대기에 달린 감이 가을을 예고한다. 그래 세상은 때론 답답하고 더디게 흘러가더라도 제 갈 길로 가고 있다고 인지함이 옳겠다. 강물이 굽이쳐 흘러 대해로 접하듯이 그렇게 인생살이는 쉼 없이 흘러가고 있으며, 가끔 노도를 만나 위협을 느끼면서도 마침내 바다, 평온의 바다를 만나는 것이다.

모든 것은 가고 오고를 반복하며 거저라는 개념은 없어 보인다. 주는 것이 있으면 받는 것도 있다는 말과도 연관된다. 그것마저 없다면 무슨 가치를 가지고 살아갈 것인가. 문득 나만 손해를 보며 이 세상을 살아가고 있지 않을까 하는 낭패감에 휩싸일 때가 있다. 그러다가 이내 주변에 둘러싸여 있는 자신을 발견하고는 그 손해라는 것이 편견이었음을 알게 된다. 바동바동 몸부림치거나 한탄하며 살 일이 아닌 것을. 삶의 한가운데서 한발 뒤로 물러서 여유롭게 바라보는 법을 체득하며 지내고 싶다.

얼마 가지 않아 이 떡갈나무는 없어지리라. 이파리는 양기 없는 가지에서 힘없이 떨어져 땅속에 묻히고, 몸뚱이는 썩어 부서지고 말리라. 그 바로 옆쪽에선 '뭐, 사는 게 다 그렇지.' 통달한 듯 새로운 삶을 설계하고 있다. 쓰러져 포복하는 나무들 사이로 새로운 흙이 뒤엎어지고, 어디선가 솟아나는 물줄기는 또 다른 곳으로 길을 가르고 있다. 서서히 또 옛것은 죽고 새것이 허허롭게 몸체를 드러내고 있다. 언제 그랬느냐는 듯 새싹이 방긋 웃고, 산새들은 이리저리 몰려다니며 조잘댄다. 평온을 되찾아가는 모습이다. 이렇듯 가고 오는 것은 생의 순리요 섭리, 너무 슬퍼할 것 없이 주어진 세상사와 일맥정진하고 싶다는 마음 간절하다.

귀 기울이며 뚝뚝 떨어지는 고독을 씹고 싶다. 한가운데 건듯 불어오는 바람 맞으니 일순 나의 존재를 깨닫는다. 붉게 능선을 타고 오는 이 황금빛 가을이 마냥 좋다.

끊어진 길

객지생활을 오래한 그는 많은 길을 떠다녔다고 했다. 이제 마지막 찾은 곳이 이곳이라며 안착하는 듯 마음이 푸근해 보였다. 늦게나마 형님을 만난 것이 다행이라며 나 역시도 남다른 정을 느꼈다. 어쩌면 그가 퇴직을 신청하면서 자기의 병을 조금은 예감했을는지도 모른다. 더 이상의 직장생활은 자기를 깊은 곳으로 침몰시키는 결과라며 말이다. 누구처럼 사회에서나 집에서 거추장스런 존재가 되기 싫었을 것이다. 그래 우리는 퇴직한 후 몸을 더 추스르고 건강한 사람이 되어 있을 줄만 알았다. 그러던 그가 결국 세상을 떠나고 말았다. 지병이었다.

가슴이 미어진다. 골목길을 지나 고가도로 밑 신호등에 섰다. 파란불이 깜박거린다. 재빠르지 않으면 허여하는 시간 내에 저쪽까지 이르지 못할 것 같아 뛰다시피 한다. 다시 언덕배기를 오른다. 느리게 가도 십여 분이면 이내 너른 공원을 만나고 그 아래에는 금호강이 활짝 가슴을 풀어놓고 기다린다. 아름드리 갈

참나무와 전나무는 언제 봐도 믿음직스럽다. 그도 생전에 나무처럼 믿음직스럽기는 마찬가지였다.

괜히 집에서 용만 쓴 것 같다. 나오길 잘했다. 공원 한쪽에는 노인의 술판으로 취기가 번지고, 그늘 여기저기에서 바둑이랑 장기 두기에 열중이다. 언제인가부터 한 명 두 명 모여들면서 자리를 잡게 되었다. 누가 오라고 하지도 않았을 터, 자연스레 모여 즐길 수 있다는 것이 퍽 다행이다. 또 옆에서는 아이들이 신나게 자전거를 타고 논다. 노인과 아이가 격의 없이 모이는 장소라서 참 아이러니하다. 시끄러운 세상이라지만 그들은 먼저 누구를 해코지하지 않고 순박함이 닮았다.

경부선 철로 위 육교에 올랐다. 힘들고 기력이 쇠잔할 때 자주 찾는 곳이다. 왼편으로는 호텔과 실내 골프장이 둘러쳐져 조금 답답하지만 바로 옆에 과실나무며 배추, 미나리 밭 등을 보며 속을 틔운다. 정면에 있는 군부대는 언제 봐도 정중동인 것 같다. 동서로 철로가 놓여 있어 그나마 주변 구색을 맞추어 놓았다. 다리 아래로 지나가는 열차를 보노라면 마음이 편안하다. 그 재미에 더 찾는지도 모른다. 열차 속의 승객이 너무도 편안해 보이기 때문이리라. 나는 가만 내려다보며 안정을 되찾기도 하고, 굉음의 바퀴 구르는 소리에 새 힘을 얻는다.

그 친구가 사망했다는 소식이 얼마 전 들려왔다. 급작스런 소식에 할 말을 잃고 만다. 나이가 오십이 안 되어 세상과 등을 지고 만 것이다. 늘 엷은 미소에다 남의 제의를 쉬 거절 못 하는 어진 친구 아니던가. 어느 날 홀연히, 자기의 길을 가겠노라고 명예퇴직한 게 십 년 전 일이다. 처음엔 찻집을 내어 장사도 하고 그 후엔 직장을 따라 지방으로 다닌다는 전갈도 받았다. 그러고 한동안 소식이 끊겼다. 큰 꿈으로 이뤄 광활한 길을 걷고 있으리라고 믿었다. 그런데 이 무슨 일인가, 찾아간 길이 끊어진 길이라니.

청송 고향에서 송이버섯을 구했노라며 싸들고 와서 늦도록 이야기하는 것을 좋아했다. 그는 좀체 화를 내지 않고 누가 비난해도 그냥 빙그레 웃고 만다. 무슨 일이든 긍정적으로 생각하며 법이 없어도 살 사람이라고 칭송했었다. 살아온 지난 얘기를 나누는 것으로 쉽게 감흥에 젖곤 했다. 술좌석에서는 늘 꼿꼿한 자세로 같이 마신 사람들의 뒤치다꺼리를 해주어 인간성 좋은 사람으로 다 알려진 것인데 그때부터 표독의 싹이 돋아난 것일 줄을.

형제봉 앞엔 수년 전부터 산을 깎고 전답을 갈아 큰길을 내고 있다. 벌써 끝냈을 공사를 지지부진하며 아직도 더 기다려야 한단다. 그곳에 길이 뚫린다니 처음엔 기뻤다. 건설 현장의 힘찬 고동은 펑펑 샘물이 솟아나 듯 보는 것 기다리는 것만으로도 흡족하게 해주었다. 사는 재미가 났다. 굴착기와 트럭이 종일 흙먼지를 내며 깡 소리를 낼지언정, 곧 완공될 그날만 손꼽아 기다렸다. 새 도로에 거침없이 차가 달릴 걸 생각하면, 남북의 길이 열리듯 가슴 벅차올랐다.

하지만, 그곳에도 혈육을 끊은 아픔 같은 게 곳곳에 묻어 있다. 길이란 하냥 나다녀야 진가를 발휘하건만 통제를 한다는 것은, 하천에 물길을 막는 것과 다르지 않다. 몸통 잘린 민둥산이 철 망태 속에서 기진맥진하고 있다. 바른 삶과 옳지 않은 삶, 실패와 성공의 기로, 그건 가야 할 길과 가지 말아야 할 길의 선택이다. 때론 사람들은 그것을 판단하지 못한 채 고통 속에 허덕이게 된다. 하루에도 수십 번 이 길인지 저 길인지 몰라 망설이고 있다. 사통팔달 다녀야 할 길인데 막혀 있으니 참으로 안타깝기만 하다.

터지고 깨지고, 우린 늘 저 한편에서 놓쳐버린 막차를 보는 듯하다. 요즘처럼 혼란스러울 때가 또 있을까 싶다. 앞날은 예측하는 족족 비켜나 버리고, 무시로 전해오는 통지를 접해보면 좋은 소식은 오간 데 없다. 남이 가는 길은 넓고 훤해서 잘 보이지만, 내가 걷는 길은 좁고 불규칙해서 위험하기 짝이 없어 보인다.

비 오는 날, 물길이 땅을 가로지르며 쏜살같이 새 길을 만든다. 흘러내리는 눈물이며 빗물도 저들대로의 길이 있다. 똑같은 건 아예 없다. 폭포에 떨어지는 물방울도 제각기 다른 길, 햇살도 떨어지는 낙엽도 제 갈 길로 흩어진다. 자기가 감당하는 길이 있는가 하면 도저히 역부족인 길도 있다. 지금까지 그걸 뛰어넘어야 승자가 되고 성공하는 경우를 보아왔지 않은가.

산다는 게 결코 서두를 필요가 없는 것을….

아직도 할 일이 많을 텐데. 가고 말다니. 시골 촌놈이라 걷는 것은 자신 있다던 그 아니던가. 나는 그와 다니면 늘 쫓음발로 따라다녔었는데. 떠난 길이 미완성이었다면 정녕 허망하지 않을 수 없다. 좋은 곳을 가고자 혼자 빠른 걸음으로 가버린 것인지, 그렇게 빨리 갈 줄 누군들 알았으랴. 복숭아밭을 지나 외딴집으로 작은 연못을 거쳐 큰길로 접어든다. 멀리 미소 짓는 모습이 우련하다.

2.
애처 종목

제 목숨을 떼어 기꺼이 우리에게로 와 극진한 사랑을 가르쳐 주었으니, 또 이제야 그걸 알았으니 나도 뒤늦게 철이 드는 모양이다. 참맛은 지극히 담백하다고 했다. 이제면 어떤가. 상추 같은 그런 담백한 맛을 즐기고 싶다.

애처 종목

잘 아는 한 교수는 아내가 자꾸 자기 하는 일을 막아서 불만이란다. 어떤 때는 심히 부아가 치솟는다고 한다. 이유인즉슨 밥을 먹은 뒤 설거지 정도는 자기가 맡아서 하고, 앞으로도 취미생활로 유지하고 싶은데 아내가 그걸 못 하게 한다는 것이다. 하지만 그의 아내 말로는 일전에 피곤해서 한두 번 해달라고 한 것일 뿐, 힘든 직장생활과 사회적인 체면도 있고 해서 진작 그만두라고 했단다. 이쯤 되니 누구 말을 믿어야 할지 모르겠다.

나도 퇴직 후, 설거지와 방 청소는 당연한 것으로 알고 즐겁게 하려고 한다. 그뿐인가. 재활용품이며 각종 쓰레기는 봉투가 다 채워지기 기다렸다가 갖다 버릴 준비가 되어 있다. 아내를 돕는다고 하기보다는 스스로 하고 싶어 하는 게 옳을 듯하다. 남는 게 시간이고 주체 못 해 안달이라 하면 배부른 소리일까도 싶지만, 실은 그런 일 말고도 오래전부터 기꺼이 맡아 하는 게 있었으니.

다듬기

올해 처음으로 상추 농사를 지었다. 텃밭을 얻어 씨 뿌리고 모종해서 키운 상추다. 매화꽃 흩날릴 때 밭고랑을 맸다. 씨 뿌려 물을 주고 할 때만 해도 반신반의했다. 그러던 것이 볼 때마다 쑥쑥 자라 밥상에까지 올라올 줄 몰랐다. 모종한 상추는 애초에 널찍널찍하게 심어 기르는 데도 쉽고 따서 다듬기도 수월했다.

하지만 씨를 뿌린 상추는 너무 촘촘히 심어 감당이 어려웠다. 점차 밭고랑을 다 덮기 시작하더니 나중엔 솎아내기도 힘들었다. 밑동이 썩어 들어갔다. 아깝지만 다시 선을 긋고 밖에 것은 모멸차게 뽑아내었다. 집에서 먹자면 몇 날 며칠을 먹어야 할 분량이었다. 다행히 남은 상추는 자기들끼리 충돌 없이 잘 자랐다.

집에 와서 다듬을 일이 만만찮았다. 싱싱할 때는 수월한데 잎이 시들면 잡기도 어렵고 많은 시간이 든다. 그러나 내가 손수 농사를 지은 것, 작은 이파리 하나라도 그냥 버릴 순 없었다. 하나하나 세듯 해서 작업을 끝내고 나니 허리며 양쪽 다리, 목까지 뻣뻣했다. 시중에 천 원치만 사도 한 보따리인 것을, 쓸데없는 일 한다고 할 것 같아 꾹 참고 한다.

혹여 멍들고 지쳐 색깔이 변한 건 과감히 솎아낸다. 난생처음 호미와 삽으로 땅을 파고 씨 뿌리고 길렀으니 느지막이 생명의 소중함도 알게 되었다. 아마도 이 일은 여기서 끝나지 않고 가을 배추, 무 농사까지 갈 것 같다. 요즘은 고구마 줄기 다듬기도 하나 더 늘었다. 다듬으면서 내 삶의 줄기도 훑어 내린다.

까기

당신이 좋아하기에 사 왔다며 불쑥 한 포대를 내민다. 땅콩이다. 심심풀이 땅콩이라고, 남편을 위한다는데 얼굴 찌푸릴 일이 만고에 없다. 신문지를 넓게 편 뒤 티브이를 보며 까기에 돌입한다. 상품이 좋은 건 수월하게 끝난다. 뾰족 튀어 나온 끝부분에 힘을 살짝 가하면 짝 벌어지면서 속내를 훤히 드러내 놓는다. 그간 양분을 저장하며 무던히 자라 고스란히 다 바치는 절명의 순간이다.

붉은 막으로 덮여 모래땅에서 고이 자란 첫 순정을 보이는가 싶기도 하고 어떤 건 서너 개의 알을 품고 있기도 하다. 그래서 땅콩은 다산과 다복을 상징한다고 했는가 보다. 반면에 빈 껍질 속에 알이 엉성한 경우에는 힘만 들이고 결과도 시원찮다. 조상을 잘 못 만난 탓도 있으려니 생각하고 만다. 감추어진 것을 죄다 까발려 놓으니 나도 개운하다.

알만 까는 게 아니라 더러는 껍질도 깐다. 우엉, 도라지 종류인데 비닐장갑을 끼고 해야 손을 덜 상하게 한다. 칼을 사용하기 때문에 민첩성도 따르고 조심조심해야 한다. 우엉은 반쯤 가른 뒤 머리에서부터 껍질을 잡고 일사불란하게 당기면 말끔하게 벗겨진다. 하얀 속살이 눈앞에 펼쳐지면 덩달아 찌든 마음도 말쑥해진다. 도라지는 다소 까다롭다. 한 번에 끌어내린다고 쉽게 껍질이 까지질 않는다. 피막의 결을 잘 잡아 살며시 당기면 생각 외로 잘 끝낼 수가 있다. 처음엔 일이 번거롭고 물기가 있어 지저분해도 작업이 다 된 후는 목욕을 한 것같이 새로운 변신이다. 그 참신함이 좋아서 아내가 주문하면 마다 않고 하고 있다.

가르기

이건 순전히 손톱의 힘으로 해야 한다. 도구를 사용할 수도 없고 바짝 마른 생선에다 손톱을 정조준하여 배를 갈라 똥을 빼내는 작업이다. 먼 바다 냄새가 솔솔 나는 것 같기도 해서 가슴이 술렁이기도 하지만, 불쌍한 멸치 생을 보는 것 같아 찡해지기도 한다. 허접스러운 속을 비우고 갸름한 모습으로 다시 날 때까지 내 엄지손톱도 갈라지는 고통을 당한다.

'배 가른 멸치를 사면 될 텐데. 얼마 아낀다고….' 속으로 구시렁대면서도 어느새 한 소쿠리를 채우는 재미가 좋다. 주방에 의기양양하게 갖다 놓으면 수고했다는 말 한마디에 불만은 눈처럼 녹아 없어진다. 사실 이 작업은 총각 때부터 해왔던 일이라 능숙

하다.

차디찬 바다로부터 내 손을 거쳐 밥상에 오르기까지 그 여정을 더듬어 보면 한 생도 저물어 쓸쓸해진다. 배 가른 멸치는 비닐에 싸여 바로 냉동고에 보관된다. 그런데 된장국이나 삶은 국수에 멸치를 우려낸 후, 지금까지는 멸치를 버렸다고 한다. "아까운 걸 왜 버리느냐."며 맛도 괜찮아 특식으로 하고 있다. 연하고 존득한 것이 양념장에 찍어 먹으면 맛이 그만이다. 가족들이 한번 먹어보고는 "네 맛도 내 맛도 없다."고 손사래를 치지만 내겐 별미로 자리매김하였다.

이래저래 나의 다듬기, 까기, 가르기의 기원을 추정하진 못한다. 하나 이 작업은 부득불 아내와 관련된 일인지라 지속해도 별 무리가 없는 듯하다. 혹여 더 덧붙인다 한들 어찌 마다할 수 있겠는가.

나도 미장원에 가고 싶다

미장원은 늘 열려 있다. 어항 속 열대어처럼 속이 훤히 드러나 보인다. 바깥에서 보면 항상 사람들로 북적이고 공간 전체가 살아 숨 쉬는 것 같다. 핑크색 가운을 입고 정성스레 손님의 머리카락을 자르거나 빗질하는 광경이 보기 좋다. 미장원은 이름부터가 세련되었다. 간판에도 헤어니 매직이니 하며 영문을 사용하는가 하면, 주인 이름을 그대로 옮긴 곳도 있다. 그뿐인가 창문의 알림도 시대감각에 맞추어 다양한 디자인으로 꾸며 놓아 보는 이를 새롭게 한다. 나는 자주 앞을 지나면서 의자에 앉아 있는 스스로 모습을 그려볼 때가 있다.

미장원엔 한 번도 못 가 보았다. 긴 머리카락을 보드라운 여성의 손길에 맡기고 나서 그윽이 두 눈을 감고, 여유로움과 감성을 느껴보고 싶다. 이집 저집을 다녀본 다음 가장 잘 어울리는 곳을 단골로 정해 마음껏 개성을 살리고 싶다. 머릿결 따라 좌우로 젖혀지는 쾌감, 요리조리 빠르고 능숙한 가위질에 사르르 녹아

들고 싶다. 금방 끝내는 것이 아닌, 적어도 한 시간쯤은 푸근하게 머리를 맡겨두면 좋겠다. 그러나 아쉽게도 난, 미장원에 갈 만한 조건이 충족되지 못했다. 간다면 웃음거리가 되고 말 것이다.

대머리의 한계요 서러움이 뜻밖에 크다. 쉬엄쉬엄 빠지기 시작한 머리카락이 이제 상단엔 폭격을 맞은 것같이 민둥산이 되었다. 초토화가 된 것이다. 어쩌다 사진에 찍힌 머리부위를 대하노라면 기가 찰 노릇이다. 아무리 귀 옆머리를 길게 늘어뜨려 슬쩍 덮어 본들 눈 감고 아옹 하기다. 바람이 불거나 비에 젖으면 생쥐 꼴을 면하기 또한 어렵다. 만나는 사람마다 먼저 머리를 한번 쳐다보고는 말을 건넨다. 화두가 머리에서부터 시작되니 이 무슨 팔자인고. 똑같은 답변을 하는 것도 귀찮다. 타지방에 원정까지 가서 좋다는 약을 먹어도 보고, 발라도 봤지만 별 효용은 얻지 못했다. 그러면서 이렇게 십수 년을 살고 있다.

요즘 들어 사람들은 미장원을 많이 이용한다. 여자는 물론, 남자아이들과 젊은 사람들은 아예 미장원으로 간다. 내가 사는 바로 옆집에 미장원이 있긴 하다. 이발을 하러 갈 때마다 망설인다. 특히 이집 저집 재어보다가 시간을 허비할 때는 '그냥 미장원에 들어가 버릴까?' 하는 유혹을 받는다. 자주 가는 집은 변화가 없어 퇴보한다는 생각이 들고, 그렇다고 불쑥 처음 가는 집은 후회만 하고 돌아올게 뻔하다. 어쩌다 아이들을 데리고 이용소를 가면 제 딴에 불편했던지 다음부터는 안 가려고 한다. 다소 분위기가 산만하여 지금 아이들의 정서에는 맞지 않음이다.

이용소는 나이가 마흔이 넘은 남자 손님들이 주로 찾는데 그리 따사롭지는 못하다. 하지만, 나도 그런 이발소에 길들어 있다. 둔탁한 의자, 도구, 이발용 기구까지 수년째 변함이 없다. 벽에 걸린 이용소 면허증이 보여주듯 주인은 오래전부터 천직으로 알고 일을 해왔을 것이다. 무뚝뚝해 보이고, 느긋한 손놀림이지만 오랜 경륜은 인정해주어야 한다. 내부의 장식도 단순하다. 수족관에는 금붕어 너덧 마리가 지겹다는 듯 흐느적대고, 벽면엔 먼지 묻은 그림 액자와 커다란 숫자달력이 덩그레 걸려 있다.

어찌 난들 미용소에 가고 싶지 않겠는가. 머리카락이 많은 사람은 참 복도 많아 보여 부럽기 그지없다. 그 복을 모르고 사는 사람이 안타깝기만 하다. 머리 스타일에 변화를 주어 한껏 뽐을 내기도 하고, 강바람에 휘날리는 모습으로 잘난 사진이라도 한 장 찍어 걸어 두고 싶다. 장가갈 때만 하더라도 더벅머리에 곱슬머리였다. 잘 다듬어진 머리에 머릿기름까지 발라 넘긴 사진이 고스란히 사진첩에 보관되어 있다. 옛날 사진을 주변 사람에게 보여주면 가족뿐만 아니라 거의가 믿기지 않는 표정을 짓거나

'씩' 웃고 만다. 대단히 멋쩍다.

밝고 탁 트인 미장원에 시선이 많이 가는 편이다. 요즘 미용소는 내부 치장부터가 다르다. 개방과 진취를 내걸고 나날이 변모해간다. 일하는 종업원도 젊고 무언가 특별한 기술을 체득한 것 같아 기대가 간다. 반면 조금 나이가 든 주인이 운영하는 미장원은 차분하고 푸근한 맛이 있다. 모여서 이런저런 이야기를 하거나 때론 둘러앉아 음식을 나누어 먹는 모습이 정겹게 느껴진다. 마을 중년부인들이 모여서 세상사 돌아가는 얘기도 나누는데 옆집 남편은 무슨 일을 하여 얼마를 벌고, 누구 집 아이는 어느 대학에 다닌다는 등 동네 소식이 그쪽에서부터 흘러나온다.

흰머리면 어떤가, 툭툭 생머리를 자르고 싶다. 질의 좋고 나쁨을 나무랄 때가 아니다. 있는 그대로를 존중하고 싶은 것이다. 새치가 많다고 걱정을 하는 사람을 보지만 흰머리가 때론 중후하게 보일 수도 있지 않은가. 대머리보다야 백번 낫다. 젊은 사람과 뒤섞여 지내노라면 마음도 젊어지고 한결 자신감도 회복할 것이다. 대머리로 소침해 있는 것도 스트레스의 연속이다. 자꾸만 위축되어 삶의 의욕마저 꺾여버릴 때가 있다. 비록 머리카락 수는 부족해도 그곳에 투자하는 시간은 몇 배나 된다는 것을 누가 알아줄는지.

그래도 한때는 유명한 사람, 지위가 높은 사람은 배가 나오고 대머리가 많다는 말에 위안을 받긴 했었다. “여덟 시 통근 길에……”라는 대머리 총각 노래가 상큼하게 들린 적이 있었다. 순수한 경상도 청년의 좋은 이미지에서 풍겨오는 감정일 것이다. 한 시대에 대머리가 선망의 대상이었고, 풍요를 의미하기는 했어도 오늘날 대머리 총각의 애환을 알기라도 했는지, 햇살에 쫓긴 안개처럼 자취를 감추고 말았다. 세월이 흘러 가치관도 인심도 변한 탓이리라. 내가 미장원에 가고자 하는 것은, 건강치 못한 사람이 완쾌를 희구하는 것과 다를 바 없다.

맞추기 연습

부스스 잠에서 깨면 바로 책장 유리 속의 나를 본다. 가족과 눈을 맞추고 이 방 저 방에 놓인 사물의 존재를 확인한다. 아침밥 몇 숟갈을 뜨고 출근시간에 맞춰 시내버스에 올라타기 바쁘다. 버스기사도 밀리는 차량에 끼어 시간 맞추느라 진땀을 흘린다. 이런저런 생각 몇 굽이이면 직장에 도착한다. 직원과 눈인사를 나누고 아직 잠이 덜 깬 컴퓨터를 작동하여 일과를 준비한다. 컴퓨터는 요란한 소음으로 몸살을 표출한다. 아이디는 군번처럼 외고 있어야 하고, 일처리는 신속해야 한다. 근 열 시간 동안 직원들과 호흡을 맞춰가며 해야 별 탈 없이 하루업무를 마친다. 퇴근 후, 소주잔을 기울이기도 한다. 물론 뜻이 맞는 동료면 더욱 좋다.

떡갈나무가 단 일격에 쓰러지는 것처럼 일도 그 정점이 딱 맞아떨어져야 한다. 나무꾼은 수십 번의 도끼질 중 마지막 한방으로 위력을 드러낸다. 그동안의 노력은 이루어낸 결과로 말하는

데 때론 광채를 내 빛을 밝히지만, 그냥 묻혀버리는 경우가 많다. 수많은 역경을 넘으려 갖은 애를 써 봐도 세상은 야박하게도 성공담이 그리 많지 않다. 그 마지막 하나, 단 일격으로 우리 삶의 질을 좋은 쪽으로 바꾸거나 혹은 나락으로 뒹군다니 일들이 더 조심스럽다. 이 굴레를 슬기롭게 헤쳐 나가는 것은 어쩌면 게임 맞추기를 잘해야 하는지도 모를 일이다.

부모의 찰떡궁합으로 태어났으니 얼마나 또 귀한 생명이던가. 우리 아버지와 어머니가 각각 다른 사람을 만났으면 서로 다른 부부가 되었을 것이고, 그 각각의 부부는 또 다른 아이를 낳고 그의 아이들은 또 각각의 이 세 삼 세를 낳았을 것이다. 귀신이 곡할 일이기도 하지만, 한 편의 연극과도 같다는 생각을 지울 수 없다. '나'라는 존재, 아차 하면 이 풍진세상을 구경도 못 할뻔하지 않았나. 또 우리 선조가 이 고장에서 끈덕지게 정착하지 않았다면, 내 직업도 가족도 인생관도 판이해졌을 것임을 유추하면 세상사는 참으로 복잡해진다.

그런 나를 상상해 보면 결코 우연이랄 수 없다. 주변 사람들, 죽마고우로 지내는 것도 연인끼리 만나 결혼을 하는 것도 다 제짝을 적기에 만났기에 가능하다. 서로 눈빛과 마음이 통하지 않았으면 처음부터 좋아할 일도 없는 일, 세상은 알게 모르게 어떤 일치점에 의해 이끌려간다고 믿는다. 어릴 적 고향 친구, 학교 친구 그리고 사회의 직장 친구 나름대로 색깔과 향이 다르지만, 유독 아끼고 의견이 통합하는 묵은 김치 같은 친구는 살아가는데 빛이며 소금 역할을 해주고 있다.

서로 삐걱대거나 휘둘리면 한 가지 일도 원만하게 이룰 수 없다. 작게는 내 사는 집에서 이사를 한다거나, 시골 마을 길 하나 내는 일, 크게는 나라 정책결정을 위해서는 다수의견을 따르기 마련이다. 특히 요즘같이 각기 다른 문화와 개성을 존중하는 상황에서 뜻을 한데 모으기는 참으로 어렵다. 그렇지만, 우린 맞추어야 하고 또 그렇게 해야 쉽고 편해질 수가 있다. 잘되고 못되고 그 파장은 생각 이상으로 커 아마도 그 일들은 인류사에 끝까지 굴러갈 것 같다.

자동차 운전을 하다가 사고를 잘 내는 사람은 몸과 마음이 따로 놀기 때문이란다. 운전 실력이 부족한 것도 있지만, 주의가 산만하거나 몸이 아픈 경우를 생각지 않을 수 없다. 정과 동이 적절히 융화되어야 하는데 한쪽으로 치우쳐 리듬을 잃어버리는 경우이다. 실로 그걸 통제한다는 게 참 어렵다. 허리가 삐걱대며 아픈 것은 허리뼈의 위치가 어긋나기 때문이며 덧니도 교정을 제때 해 주지 않은 결과이리라. 이쪽보다 저쪽을 많이 사용하면 그 한쪽이 화를 내거나 불만을 토로해서 더 큰 질병을 유발하는 결과이지 싶다.

우리는 그 양면성에 늘 벅차한다. 공장에서는 대량 생산으로 인간에게 풍요를 주고, 지하 지상에까지 영역을 넓혀 현란한 생활공간을 만들어간다. 그뿐인가, 유도탄이 미사일을 끝까지 추적하여 공중 폭파시키는 가공성을 보면서 한쪽으로는 불안과 소외감을 느낀다. 수백 마리의 새끼 가운데 고작 한 마리만 성어가 되어 모천으로 회귀한다는 연어, 알을 적기에 낳으려 북태평양에서 먼 길을 기를 쓰고 항해한다고 하지 않던가. 그 끈질긴 생명력이 가히 놀랍다. 한 치의 오차도 허용치 않는 세상에서 살아야하기에 더 그렇다.

가끔 음악회를 보노라면 의상부터가 참 깔끔하다는 생각이 든다. 특히 여성 성악가가 상체를 많이 드러내는 의상을 입는 것도 자신의 내·외면 성을 자유롭게 드러내 음악성과 조화를 이루기 위함이란 생각을 하곤 한다. 오케스트라는 여러 명이 잘 합치해야 멋진 화음이 이루어진다. 남녀 성악가가 진중하게 열창을 한 후 서로 마주 보며 환희에 젖는 모습을 보면 "아, 이게 바로 성취요 행복감이구나." 싶다. 노래를 부르는 사람은 자기 나름대로, 지휘하는 사람, 연주하는 사람 모두가 한마음으로 일치할 때 고운 소리를 내품을 수 있다.

결과가 좋고 나쁨은 이 절정의 순간을 어떻게 맞이했는가에 따라 판가름이 난다. 야구선수가 홈런을 치기 위해, 축구선수가 골을 넣으려고 얼마만큼 연습을 하고 힘을 기울였던가. 적절한 속도와 중력, 거기에다 치밀한 감각을 보태 목표물에 적중시키는 것이다. 몸과 마음이 따로 움직이는 사람한테 아무리 좋은 공을 보내주고 골을 넣으라 한들 그게 가능한 얘기일 수 없으며 스포츠며 예술에 이르기까지 그 미미한 호흡과 타이밍으로 절묘한 작품이 나올 수 있다. 하지만, 우리는 그 마지막 기회를 놓쳐 실의에 빠지고 허탈해하는 경우를 자주 보아왔다.

나는 오늘도 열심히 연습한다. 잘 맞추기를 바라며. 지나친 방종보다는 정연함에 더 익숙해져 있나 보다. 내쉬는 숨소리와 지르는 동작까지 일심동체가 되어야 편한 것, 좋은 노래 좋을 글 한 편을 잘 감상하고 나면 뿌듯함이 복사꽃처럼 번진다. 마음 맞는 사람과 시공을 초월하여 밤새 이야기를 나누고 싶어지기도 한다. 맥이 통해야 쉬이 피로하지 않고 근심도 잘 사라지듯, 더불어 명쾌해져 자신감도 생겨나리라. 하는 일마다 딱 들어맞는 시간에다 좋은 일이 찰떡같이 착 붙는다면 더할 나위가 없으련만. 정말이다. 세상 살면서 홈런 한 방은 아니라도 잦은 안타라도 쳤으면.

어설픈 농부

채마 가꾸는 재미에 푹 빠졌다. 이랑을 타고 정성스레 뿌렸던 씨앗이 며칠 안 가서 떡잎을 드러냈다. 갓 태어난 강아지가 겨우 눈을 뜨듯 푸른 생명체가 살포시 해바라기를 하고 있었다. 환한 세상을 구경하는 것이 신기한지, 저들끼리 조근대는 소리가 들려오는가도 싶다. '이게 커서 상추가 되다니.' 나는 흥분을 감추지 못했다. 씨를 뿌릴 때, 과연 뿌리가 나고 싹이 돋을까 반신반의했다. 흙을 많이 덮으면 발아가 힘들다는 말을 듣고 어린 자식 키우듯 살살 다독인 후. 옆 개울가 물을 떠서 흠뻑 주었다. 그러고는 다른 사람들이 풍성하게 일구어 놓은 상추밭을 생각하며 꿈에 부풀었다.

사실 무엇을 키워 보는 건 생소한 일이다. 평소 아이가 고양이를 키우는 것도 질색하는 터, 한 사물에 무슨 애착을 가지는 걸 꺼렸다. 어릴 때 시골에서 일찍 도시로 나와 살았고 사십여 년간 한 직장 생활을 해서인지 현 상황에서 크게 일탈하는 게 두려웠다. 텃밭이니 전원주택이니 그건 남의 이야기로만 들렸다. 하지만 언젠가 내게도 기회가 주어진다면 해보고 싶다는 생각은 가졌었다. 그러던 것이 올해 텃밭을 가꾸는 일이 이루어졌으니 생각 외로 일찍 성사된 셈이다. 같은 아파트에 사는 옛 직장동료가 근처 빈 땅이 조금 있는데 같이 푸성귀나 키워보자고 했다. 답사를 하고 서점에 들러 '텃밭 가꾸기' 책도 한 권 샀다.

매화가 여기저기 망울을 터트리는 삼월, 석양의 무법자처럼 총 대신 양쪽에 삽과 호미를 들고 의기양양했다. 밀짚모자를 꽉 덮어쓰고 용감무쌍하게 길게 뻗은 개울과 밭을 건넜다. 그리고 첫 삽을 떴다. 봄기운에 땅은 녹아 쉽게 파였고 얼마 안 가 두 곳에 널찍한 터를 잡았다. 잔돌을 골라내고 썩은 나무며 퇴비가 될 수 있는 건 땅 밑에 다져 양기를 돋워주었다. 제법 밭 모양이 갖추어졌다. 상추며 들깨는 씨를 뿌리고 고추와 오이, 파, 호박은 모종하였다. 태어나 호미를 그리 오래 잡아보는 건 처음이었고 풀을 뽑느라 물집이 생기는 것도 몰랐다. 혹여 고라니가 농사를 망칠까 봐 보호망까지 그럴싸하게 둘렀다. 매주 한 번씩 찾았다. 이제 나도 일자리가 생긴 것이다. 누가 농부로 불러주었으면 싶었다. 올여름엔 가족과 식탁에 둘러앉아 삼겹살 파티를 벌일 생각에 가슴 부풀었다.

첫 수확은 한 달이 지날 즈음 주어졌다. 따로 모종으로 심은 상추가 그새 자라서 너른 가슴을 펼쳐 보였다. 푸른색과 자주색 상추 각 열 포기를 심었는데 다 튼실하게 자랐다. 의도대로 순순히 따라 주는 것이 눈물겹도록 고마웠다. 요즘 세상 살아가는 게 내 마음대로 되는 것이 그리 없고 거칠고 힘이 든다. 누구에게도 쉽게 말을 붙이기가 망설여진다. 조심스레 맨 아랫부분부터 한 잎씩 꺾어본다. 뽀득 소리를 내며 제 속을 주인에게 다 맡기며 침묵하고 있다. 꺾인 자리 하얀 액체는 여린 눈물인가, 다치면 피가 나듯 아픔과 고통 같은 것이 또르르 맺힌다. 그도 자기 할 일을 하게 된 것을 자랑스럽게 여겼으면 좋겠다. 거둔 상추는 얼마 안 가 불룩하게 쌓였고 우린 정성스레 다듬어 둘이 똑같이 나누었다. 첫 수확의 기쁨은 상상 이상이었다.

어언 농부의 자긍심을 가질 무렵이었다. 고라니가 다녀간 흔적도 없었다. 그러던 중 깜짝 놀랐다. 저쪽에서 옹골차게 자라던 상추 밑동 부분이 바싹 메말라가고 있었다. 올 때마다 부자가 된 것처럼 희망에 부풀게 해주었던 것이다. 소복하게 자라 싱그러웠지만, 그게 아니었다. 좁은 땅에서 자기끼리 치열한 싸움을 벌인 흔적이 역력했다. 적당한 간격으로 공기도 통하게 하고 자랄 수 있는 여건을 갖추어 주어야 했다. 식물도 스트레스를 받았던가 보다. 자연은 거짓을 하지 않았고 씨 또한 뿌린 대로 자랐을 뿐이다. 순간 내 사랑 방식이 잘못되었음을 직감했다. 무지

한 사랑이었다. 속히 솎아내는 게 급선무였으나 어느 것부터 해야 할지 막막했다.

문득 베이비붐 세대인 내 초등학교 적이 떠올랐다. 도시학교엔 아이들로 넘쳐나 오전반, 오후반으로 나뉘었다. 교실을 잘 찾지도 못해 한동안 어머니 손을 잡고 등하교를 했다. 내성적인데다 덩치도 작어 공부를 따라가는 데 애를 먹었고 열등의식을 느껴 말을 더듬는 버릇까지 생겨났다. 콩나물시루처럼 넘쳐나는 속에서 선생님의 관심도 그리 받지 못하며 학교를 마쳤던 기억이 있다. 그건 다 커서도 단점으로 남아 세상과 어깨를 견주는 데 늘 힘이 벅차다. 남에게 뒤처지지 않고 절벽에 떨어지지 않으려고 아등바등 살아왔다.

소매를 걷어붙이고 야무지게 시작했다. 무질서하게 돋아난 상추에 고랑을 내기로 하고 곁다리에 붙은 것을 과감히 뽑아내었다. 마지막까지 끈질긴 생명을 걸러낼 땐 내 모습을 보는 것 같았다. 흙과 한 뭉텅이로 뽑힐 때마다 가슴속이 저렸다. 내 지울 수 없는 과거가 싹둑싹둑 잘려나갔다. 남은 것보다 버린 게 더 많았지만 뒤돌아보지 않고 아쉬움을 접었다. 이발한 듯 말쑥하게 보였다. 그러고 며칠이 지났다. 점차 질서가 잡혀감을 느꼈고 자기들끼리 주거니 받거니 잘 적응해가는 듯했다. 잎이 마른 것도 안 보였으며 성장 속도도 한결 빨라져 갔다.

가뭄이 속을 썩였지만, 다행히 간밤에 그리 바라던 단비가 내렸다. 그새 손가락만 한 가지며 오이, 고추가 몇 개씩 열었다. 충실히 그리고 묵묵히 제 할 일을 다하는 모습에 숙연해진다. 농사는 농부만 하는 일이라 여겼다면 이런 기쁨을 맛볼 수 없었으리라. 곧 있으면 호박도 줄기를 뻗어 덩실한 열매를 선사할 것이다. 제 목숨을 떼어 기꺼이 우리에게로 와 극진한 사랑을 가르쳐 주었으니, 또 이제야 그걸 알았으니 나도 뒤늦게 철이 드는 모양이다. 참맛은 지극히 담백하다고 했다. 이제면 어떤가. 상추 같은 그런 담백한 맛을 즐기고 싶다. 서투른 이 농부의 삶도 톡 튀지 않고 저 푸성귀처럼 오래오래 이어졌으면 좋겠다.

구관조

새는 날고 싶었다. 거친 파도와 싸우며 대양을 넘나들고 먼 산을 가로질러 들판을 질주하고 싶었다. 원래 그렇게 살아가도록 태어났으나 누군가에게 잡혀 특출한 재주 하나 인정받아 그 길로 운명이 바뀌고 말았다.

목청이 아름다움을 안 이상 사람들이 그냥 놔 둘 리 없었다. '너는 참 곱고 아름다워.' 그 달콤한 유혹으로 험한 세상과 타협하지 않아도 되었다. 편하게 살 수 있는 집과 먹이에 안주하게 된 것이다. 구태여 멀리 날지 않아도 되었고 저보다 큰 새에게 잡아먹힐 걱정이 없었다. 새끼를 낳으면 금세 비싼 값에 팔려나갔고 사람들 비위만 잘 맞추면 그야말로 호의호식이 보장된 셈이다. 그렇게 알고 있던 새 한 마리가 방향을 엉뚱하게 틀어 쉬이 험로를 벗어나지 못하고 여태 힘들어하고 있다.

나는 군에서 구관조라는 별명을 얻었다. 신병 훈련을 마치고 자대 배치를 받았는데 마침 그날 한 선임자가 제대하는 날이었다. 침상에 마네킹처럼 앉아있는 대원 사이에 나도 끼였고 과자며 술병 몇 개가 조촐하게 놓여 있었다. 저마다 가는 이에 대한 덕담과 술잔이 오고 갔다. 분위기가 익어갈 무렵이었다. 누군가로부터 명령이 떨어졌다. 부대 전통이 제대자에게 노래를 선사해야 하는데, 마침 오늘 신병이 왔다며 잔뜩 겁먹은 나를 지명했다. 평소 노래라면 자신이 있는 터라 난 망설이지 않고 일어나 최신 트로트 한 곡을 불렀다. 박수가 터져 나왔다. 이구동성으로 이번에 멋진 사병 하나 왔다며 극찬을 아끼지 않았다.

문제는 그 다음이었다. 아홉 시가 되어 점호를 취하는데 잘 먹지도 못한 술에 오랜 시간 긴장해 서 있는 건 고역이었다. 눈이 스르르 감기는 나를 주번 사령이 옆에 와 쿡 찔렀다. 정신이 번쩍 들어 배운 대로 관등성명을 목이 터져라고 외쳤다. 그렇지만 오래 못 가고 계속 비틀대는 모습을 전 부대원이 목격하였을 터, 아니나 다를까 점호가 끝나자마자 바로 위 선임자가 밖으로 불러 세웠다. 군기가 빠졌노라면 얼차려가 가해졌다. 먹은 술이 목구멍까지 올라왔지만 꾹 참아야 했고 수도 없이 관등성명을 외쳐야 했다. '아, 이제부터 그 힘들다는 군 생활이 시작되는구나.' 나는 슬픈 새가 되어 울음을 삼켜야 했다.

그 후로 '어이, 구관조' 하면 오뚝이처럼 튀어 나갔다. 내심 노래를 잘 불러 구관조라는 별명이 붙었다고 생각하며 좋게 받아

들였다. 나의 노래 부르기는 어떤 작업장에 가서나 쉬는 시간이면 불려 나와 '노래 일발 장전'에 길들여졌다. 주로 향수를 자극하는 구슬픈 노래를 불렀으나 그렇다고 매번 같은 노래를 부를 수는 없었다. 밑천이 달아날 즈음이면 보초근무 때나 잠들기 전에 가물거리는 가사를 기억해내어 지그시 선임자의 두 눈을 또 감도록 만들었다. 그럴수록 구관조는 목청을 더 울리며 귀여움을 받으려고 안간 힘을 썼다.

구관조의 본뜻을 안 건 제대하고 한참 후였다. 목소리가 자연스럽지 않고 인간의 흉내를 내는 일종의 조롱 섞인 별명이란 것을 알았다. 관등성명을 말할 때 굵직하고 남성적인 강단 있는 목소리가 아니고 가늘고 파열하는 듯해 듣기가 좀 어색했던 모양이었다. 의아했다. 평소 즐겨 부르는 노랫소리는 듣기 좋은데 경직되거나 고성일 때 왜 그런 소리가 나오는지 몰랐다. 제 속엣 것을 다 토해내지 못해 표출된 현상일까. 어릴 적 아버지를 여의고 올곧게 자라지 못해 꺾인 날개를 마음껏 펴지 못한 게 쌓여 그랬던가 싶기도 했다.

그랬을 줄 모른다. 삭이고만 살았다. 내 목소리를 내지 못하고 새장 안에 갇혀 바깥 것들 흉내만 내고 살아왔다. 이루지 못하는 것들을 원망하며 허공에 날갯짓만 해댔을 뿐이다. 꽃피우지 못한 울분일 수도 있다. 현실에 적응하지 못하고 나약하기만 했던 것들이 늘 목덜미를 지그시 누르곤 했다. 집의 가장으로서 남은 가족에게 보랏빛 전망도 접어둔 채 몹시 추웠던 그해 연말, 입대를 할 수밖에 없었다. 그리하여 목소리는 점점 안으로, 안으로 기어들어가고 말았는지 모른다. 켜켜이 시련들이 누적되어 울울창창한 소리를 내지 못했으리.

좋은 게 좋다는 식으로 남과의 다툼을 꺼려했다. 남의 눈치만 살피다 좋은 것 다 놓치고 경쟁한다는 게 구차하여 양보를 하고 살았다. 이쪽저쪽 다 좋게 하려다 오히려 원망을 듣기도 했다. 쉽게 포기를 잘하는 편이었다. 기회를 놓치고서도 냉가슴만 앓았다. 교활하게 치고 들어오는 것을 피하거나 방관만 했다. 설마 그러려고, 세상의 도리가 아직 추락하지 않았다며 믿었던 일들이 화살로 날아왔다. 믿었던 친구가 오해하고 제 잣대로 해석했다. 의리를 헌 신짝 버리듯 하는 것을 보고 실망을 하지 않을 수 없었다.

간밤에 꿈을 꾸었다. 구관조가 틀에서 벗어나려고 발버둥쳤다. 뛰쳐나와 세상을 훨훨 날기를 소원했으나 현실이 발목을 잡고 놓아 주질 않았다. 밤새 앞발을 구르고 창틀에 날개를 부닥치느라 여린 깃이 다 빠져갔다. 그래도 날아야 했고 벗어나야 했다. 이젠 어엿한 가장으로서 내 갈 길도 바쁘다며 제발 놔 달라고 후다닥거리는 순간 와락 문이 열렸다. 탈출 성공이다. 아파트 동 사이를 빠져나가 들판과 호수를 가로질러 빌딩 사이로 그리고 저 구름 속으로 사라져 갔다. 자유로운 몸이 되었다. 깨고 나니 가위 누르던 마귀 하나가 뚝 떨어져 나갔다.

집 앞 화단엔 뭇 새들이 종일 지저귄다. 멀리 달아나지도 않고 거기가 거긴 곳을 폴짝대며 놀고 있다. 새장의 구관조처럼 때맞추어 먹이를 주지 않아도 오늘 또 내일도 볼 수 있겠다. 멋대로 시공을 넘나드는 저 새들이 부럽다. 붙잡아 두지 않고 보아도 저리 사랑스러운 것을. 머잖아 나에게도 흰무늬 날개 퍼덕이며 자줏빛 꿈, 품을 날이 오지 않을까. 하늘 한 번 푸르다.

김치 예찬

아무래도 김치는 여럿이 먹으면 좋다. 그것도 땀 흘리며 일한 뒤 제자리에서 먹어야 맛이 난다. 이왕이면 산수를 벗 삼아 먹는 게 운치도 있다. 산 정상에 둘러앉아 네 김치 내 김치하며 서로 권하며 먹는 맛, 집안마다 독특한 미각으로 도타운 정을 낸다. 보약이 따로 있을까 싶다. 약간 오래되어 새콤새콤한 김치를 죽 죽 찢어서 밥 위에 척 걸쳐 먹는 맛, 생각만 해도 군침이 돈다. 특히 마른 김밥에는 더할 나위 없이 진가를 발휘한다. 때마침 한 줄기 바람이 땀방울을 씻어줄 때 그 맛도 정점에 달한다.

우리만큼 김치를 좋아하는 민족이 있을까. 일식삼찬에는 김치가 꼭 들어간다. 도막을 내어 먹기보다는 꽁지만 쓱 자르고 줄기째 먹는 것이 좋다. 주위에 김치가 없으면 밥을 먹지 못한다는 예찬가를 많이 본다. 그만큼 김치가 우리 '입맛에 맞다.'는 말과 같음이다. 요즘은 김치를 배추로만 담그는 것이 아니고 오이, 무, 마늘, 당근, 파, 쑥갓, 깻잎, 미나리, 우엉 등 종류도 많다.

특히 고랭지 채소니, 저 멀리 떨어진 섬에서, 또 천연 암반수로 담갔다느니 여러 가지로 시도를 하는 것만 봐서도 대번에 김치 사랑을 알 수 있다. 지역마다 고유한 비법과 특산물로 담그는데 숙성에서도 독특한 절차 끝에 내어 놓는다.

김장철이라는 말은 옛말이 되어버렸다. 그때는 관심이 온통 한 곳에 쏠려 나라 전체가 특별한 대책을 세울 정도였으니 지금의 명절 분위기와 같다고나 할까. 배추와 무를 수확할 즈음엔 생기가 돌았다. 시골은 시골대로 도시는 도시대로 들판과 골목길에 풋풋한 냄새가 넘쳐났다. 조금이라도 좋은 품종을 구하려고 기웃거리며 흥정을 벌이곤 하는 모습, 뜰에 가득 쌓아 포대로 단단히 묶어두어야 든든했던 시절이었다. 많은 식솔이 엄동설한을 넘기려면 치러야 할 큰 행사였던지라 전 가족이 매달려야 했다. 그러고 나서야 비로소 올해 치러야 할 것을 다한 것 같아 숨을 몰아쉰다.

'저 많은 것을 언제 다 끝낼까?' 걱정도 되었다.

날씨는 차가웠지만 집집이 돌아가면서 하는 김장마당 이야기꽃은 따습게 피어났다. 풀죽은 배추가 소금기를 빼느라 대소쿠리에 담기고, 한쪽에서는 양념 버무리기와 담그기에 일손이 바쁘다. 아이들은 연방 군침을 삼키고, 누렁이도 앞발을 길게 뻗고 꼬리를 살랑댄다. 식구가 많을수록 장독 수도 늘어났다.

막걸릿잔을 비우던 아버지는 그제서야 대청마루를 내려와 곡괭이로 웅덩이를 파기 시작한다. 이파리로 휘감은 포기 배추가 차곡차곡 쌓이고, 크고 작은 장독은 주둥이만 드러낸 채 땅속에 묻힌다. 모양 나게 볏짚이랑 가마니를 씌우고 온 가족이 돌며 자근자근 밟는 것으로 김장은 끝이 난다. 그때 어머니의 표정은 이 세상에서 가장 큰 부자가 되어 보였다. 그렇게 늦가을의 밤은 여물어 가고, 포기김치는 장독대에서 서로를 부여잡고 숨결을 가누기 시작한다.

김치는 그 집안의 내력이어서 음식문화를 잘 알 수가 있다. 깍두기, 물김치, 포기김치, 갓김치, 동치미, 총각김치, 백김치, 알타리, 보쌈김치 등 종류도 가지가지이다. 올해는 누구네 김치가 맛있는지 뭘 넣었는지 덕담을 나누기도 한다. 서로 험담하지 않으며 칭송하는 미풍이 참 좋았다. 갖은 양념보다는 담백한 맛, 배추의 절임, 소금 간에 적당히 절여 숙성된 맛이 더욱 구미를 당긴다.

"올핸 좀 싱겁게 담가 봤는데 한 번 잡사 보이소." 겸연쩍어 하며 대접에 가득 담아 건 내는 훗훗한 인심이 그립다.

긴 겨울밤, 입이 궁하면 떡가래나 삶은 고구마를 먹곤 했다. 물김치를 좋아하는 나는 오랜 숙성 끝의 개운한 뒷맛을 여태 잊지 못한다. 뒤뜰, 싸락눈 덮인 독을 열면 절인 배추 위에 사르르 살얼음이 덮여 있었다. 또 흰 골마지가 두둥실 떠있는 동치미가 음료수 대용으로 그만이었다. 어머니가 호호 언 손을 불며 포기째 꺼내온 김치, 푸른 고추랑 흰 무가 입맛을 끈다.

물김치는 별다른 양념을 하지 않아도 독특한 맛을 낸다. 멸치볶음, 오징어 볶음을 살짝 김치에 싸 먹어도 묘한 맛을 연출한다. 사각사각 배추가 씹히면서 반찬에 섞이어 적당하게 새로운 맛을 내는 것이다. 입안에 가득 넣고 우적우적 씹을 때 비로소 무미와 담백함이 뭔지를 알게 된다.

요즘은 김치가 사철 다 있다. 냉장고의 영향도 있지만 일 년 내내 김칫거리 수확을 하니 언제든지 먹을 수 있어 얼마나 좋은가. 버릴 것이 없는 게 김치이다. 철이 지난 김치는 라면을 끓일 때, 김치 찌게를 할 때 주로 쓰인다. 프라이팬에 좌르르 깔리는 고소한 기름, 김치 볶음밥 그 맛을 잊을 수 없다. 따뜻한 밥보다는 식은 밥이, 흰 쌀밥보다는 보리를 섞는 게 낫다. 그것도 매워서 호호 불며 먹는 게 좋다.

김치가 우리 몸속 장의 건강을 유지하는 작용을 하여 대장암 예방에 중요한 역할을 한다고 한다. 한때 배추값이 금값같이 치올라서 금치라고도 했다. 김치가 없는 세상을 상상하지 못하는 우리 국민, 하지만 크는 아이들은 김치 맛을 모른다. 아니 잊고 산다. 어른이 피자 맛을 모르듯이 아이들은 김치를 모르고 자란다.

어머니가 아픈 허리를 구부려 김치를 내는 모습, 손등으로 '툭툭' 다지는 오달짐도 보기 어렵다. 땀 흘리며 열심히 땅을 파는 아버지의 모습도 언제 적이었던가 싶다. 온 가족이 모여 겨울을 맞는 일들이 점차 사라져 간다. 화단 한쪽, 김칫독 묻은 자리가 수년째 비어 있다. 형제처럼 다붓이 앉아 하얀 눈을 덮어쓴 장독들이 못내 그립다.

'설마 내가 사는 동안 김치가 없어지기야 하려고…….'

김치 맛을 알기에 난 세상사는 맛을 아는지 모른다.

쿨 라이프

'쿨 라이프!'

아침에 일어나서 널 대하니 고맙기도 하고 미안하더구나. 이 시간까지 멈춤 없이 돌아갔으면 열을 받아 혼수상태라도 되었을 텐데 끄떡없으니 참 대견하더구나. 밤에 자다가 몇 번인가 더위에 지쳐 뒤척이다가도 네가 깨어있는 걸 보며 믿고 잠을 이룰 수 있었다. 몸통을 만져 보았지만, 전혀 노하거나 격한 모습 없이 그냥 평상의 온도를 유지한 채 있네. 조금도 흔들림 없이 주인이 한 번 딱 지정해 놓은 대로 거역하지 않고 임무를 수행하는 것이 믿음직스럽다.

집에 에어컨을 설치하려고 했던 업소에서는 한 달이 다 되어가도 소식이 없다. 연락해본 즉, 바빠서 잊어버렸다는 것이다. 기가 막힌다. 잊을 걸 잊어야지 고객과의 약속을 헌신짝처럼 버리다니 돈 되는 것이 우선이고 별로 이익이 안 되는 없는 것은 뒷전이라는 얄팍한 상술이 밉다. 오늘도 수은주는 삼십 도 중반을 오르내린다. 이 더위를 집사람과 둘이만 살고 있어 그런대로 넘기고 있다만 내일은 멀리 두 아들이 온다니 걱정이다. 어쩌겠나, 버티는 대로 버텨보는 수밖에 없다.

그래도 집엔 실망시키지 않는 선풍기 두 대가 있다. 묵직한 한 대는 거실에 고정이고 가벼운 선풍기는 내가 움직이는 대로 따라다니는 애용품이다. 그런 사랑 덕분에 선풍기의 소중함을 터득했는가도 모른다. 나를 따르는 선풍기는 소음도 없거니와 하얀 바탕에 잿빛으로 된 무늬가 퍽 안정감을 준다. 십 년이 다되어 가지만 사용하는 데 별로 지장이 없다. 여태 노동 적정시간을 넘었다고 탓하지 않고 잠을 잘 자도록 해 줌은 물론 또 식사하는 데도 늘 곁에 와 있다. 더위와 싸우면서 밥을 먹는다는 것은 상상조차 하기 싫다. 오늘 아침 솔솔 불어주는 그 바람을 쐬며 멸치볶음에 후루룩 물김치를 마시는 맛은 별미였지.

지금은 책상에서 글 쓰는데 나직이 지켜주고 있다. 바람 한 점 없이 햇살이 창가로 내리쬐는데 가히 살인적이다. 측은지심으로 바라본다. 연일 찌는 더위에 네가 없으면 어떻게 될까, 문득 대단한 발명품이란 생각이 든다. 슬쩍 내 쪽으로 방향을 꺾어본다. 드르륵 신음을 낸다. 잘못 놓였을까, 제자리가 아니라는 항의일까. 심하게 털털대고 있다. 세상사 조금이라도 어긋나면 좋은 화음을 낼 수가 없듯 이 선풍기의 작동도 그만 엇박자가 되고

만 모양이다. 통증이 심한가 싶어 얼른 제자리로 돌려놓는다. 비로소 저쪽 능선에서 달려오는 상쾌한 바람으로 바뀐다.

그렇구나. 이 선풍기도 그냥 돌아가는 게 아니라 나름 연주를 하고 있다. 미풍과 약풍 강풍이 적절한 조화를 이뤄 주인과 호흡하며 멋진 협연을 하는 것이다. 지금까지는 미풍으로 틀다가 오늘 더위엔 약풍으로 한 단계 올려 본다. 한결 바람이 세다. 이참에 회전으로도 작동해 본다. 좌우 움직이면서 물건들을 간질여 놓는다. 신문지와 옷깃이 팔랑인다. 저쪽 잎사귀가 춤을 추고 감촉도 훨씬 부드럽다. 제법 유명 오케스트라의 합주를 듣는 기분이다.

고정이 주는 것이 안락이라면 회전은 골고루 평등을 나눈다. 선풍기가 좌우로 바람을 몰고 다니며 내는 소리가 경쾌하다. 제 순서를 기다리며 책갈피의 흔들림도 느긋하면서 흥겹다. 절반만 돌아갈 것으로 생각했는데 몸을 비틀어 그 이상으로 고루 바람을 날려주고 있다. 종이비행기가 하늘을 훨훨 날 듯 거침없이 방안을 가른다. 뒤쪽에서 울리는 바람 소리는 공중을 나는 착각에 들게 한다. 다시 비행기가 돌아와 머리 위를 날고 있다. 나는 이 더위에 뭔가 시원한 소식을 안고 왔을까 싶어 내심 집중해 본다.

그런데 슬며시 측은해진다. 이러다가는 선풍기를 오늘 내내 틀게 되는데 고장이라도 나면 어찌할까 싶다. 모든 건 한계가 있고 힘들면 쉬어가는 게 당연할진대 너무 혹사하는 건 아닐까. 지금 세 시 반, 한더위다. 그래 다소 고통을 덜어주어야 한다. 회전에서 고정으로 맞춘다. 의리를 저버리지 않고 주인 품으로 사르르 안겨드는 것이 꼭 애완용 동물 같다. 고맙다. 이번엔 미풍으로 한 단계 내려준다. 잠잠해졌다. 비행기 소리도 멈췄고 바닷바람의 시원함도 줄어든다. 견딜만하다.

곧 열대야가 엄습하리라. 낮엔 어쩔 수 없다 해도 밤새도록 힘겨운 사투는 줄여줘야 할 텐데 그러지 못해 안타깝다. 머잖아 네 장엄한 역할도 멈추는 날이 오고 말겠지. 선선한 바람이 불어 기온이 뚝 떨어지는 어느 날, 한 거죽에 덮여 침침한 창고로 들어갈 테지. 지난여름 빛나던 공과를 뒤로하고 다시 내년을 기약하며 긴 휴식을 취해야 하리라. 그 전에 나는 기꺼이 너의 먼지 낀 날개며 부품들을 정성스레 닦아 저 볕에 말리리라.

'쿨 라이프!'

'흔'이 주는 것들

흔해서

참으로 흔하다. 지천으로 늘려있는 풀이며 꽃, 나무 ……. 대량으로 생산된 엇비슷한 물건들은 상점마다 쟁여있고 곳곳에 자동차, 건물 그리고 사람이 넘쳐난다. 맨날 보고 만나는 무수한 별, 돌멩이, 길, 산봉우리를 혹여 경시하지는 않았는지. 새삼 죄스럽다는 생각이다. 너무 쉽게 접하여 소홀했음인가, 흔한 것에 점차 무디어져 가는 게 안타깝다.

있을 것만 있어도 안 될 일이다. 풍족함이 없다면 세상살이가 얼마나 각박하며 무료할까. 모름지기 태어나 이름도 붙여지지 않는 것들은 천덕꾸러기로 여겨지기 마련인 것, 그래도 그렇지. 이 세상 소중하지 않은 게 어디 있으랴. 다 제 갈 길 있고 제 복은 타고 난다고 했잖은가. 누구 하나 쳐다봐 주지 않는 것도 서러운데 너무 흔해서 더 외로워질는지도 모른다. 다른 무엇보다도 사람과 사람과의 부닥침에 많이 지쳐있는 건 아닐까.

아무리 많으면 무엇하냐며 내 것은 없다고 아우성들이다. 모래알처럼 많은 시간과 세월 또 그 많은 생명 중에 나는, 한 개체에 불과하다. 어떻게든 이 땅에 살아 남아야 하리라. 나약하고 보잘것없을 것 같아도 강한 정신력이 보태지면 큰 원동력이 되는 걸 쉽게 보지 않았던가. 결코 흔하다고 해서 싱겁고 천하지 않은 법, 그중에서도 귀함을 얻으려 함이 인생의 목표이기 때문이다.

흔들리는

"흔들리며 피는 꽃, 흔들리지 않고 피는 꽃이 어디 있으랴" 도종환의 시처럼 우리 흔들리지 않고 어찌 살아있다고 할 수 있을까. 쉼 없이 흔들려야만 존재하고 발전해 가는 것이리라. 달밤에 나뭇잎이 사각대고 산속 풍경 소리에 마음 한구석 흔들리니 그 정취에 한 걸음 더 나아갈 수 있다.

지금 흔들거린다. 이쪽저쪽 어디로 갈 것인지를 끊임없이 갈등하고 있다. 지나고 나면 그만이라지만, 결정하기까지 고통스러울 만치 교차한다. 몸과 마음이 같지 않기에 끊임없이 다투고 있다. 그래도 흔한 세상 흔들리지 않으면 죽은 거나 다름없을 것이니 참아내자.

머물러 있는 것 같아도 쉴 새 없이 스쳐 지난다. 그것이 바람

일 수도 있고 사람들의 숨결과 꽃의 향기 아니면 썩고 살벌한 어떤 조짐일 수도 있다. 기꺼이 받아들이련다. 그 흔들림을 탓하거나 욕할 필요 없이 때론 이 길인지 저 길인지 몰라 애를 태울지라도 조급하지 말아야겠다. 언젠가는 제 갈 길로 갈 터이니 흔들리는 것만큼 그 뿌리도 탄탄하리라. 우리 외로워 말자. 다들 그렇게 살아가고 있을 테니까.

흔적들

존재는 흔적과 씨족을 남겨 번성해 간다. 이왕에 내려앉았으면 뭐라도 하나 남겨야 하는 숙명을 걸머졌다. 그게 삶이요 보람인 것이다. 그러려면 이겨내야 하고 또 앞서야 하니 아픔도 따를 수 있다. 짐승들의 영역표시도 흔적의 산물인지라 어차피 약육강식의 세상은 피해갈 수 없을 듯하다.

고매한 흔적을 남기려 하지만 그리 호락호락하지만도 않다. 존재를 알리기 위해 겨운 과정이 필요한데 통렬하지 않은 노력의 결과는 늘 시원찮았다. 그 누구도 간과하지 못한다. 그런 규칙이 존재하니 산다는 게 거칠어질 수밖에 없다. "남자가 흘리지 말아야 할 것은 눈물만이 아니다."라는 공중화장실의 문구를 보고 흔적의 여파는 상상 이상이라는 것도 알게 됐다.

유명한 예술가, 종교가, 정치가의 흔적은 우리 인류사에 대대로 이어져 오고 있다. 그들로 인해 세상은 유유히 흘러가고 있음이다. 고관대작을 하였거나 비석 하나 세웠다고 잘 살았노라 말할 수는 없지 않은가. 봄바람에 눈꽃처럼 흩날리는 민들레 씨앗이며 모천으로 다시 돌아가 산란하는 연어 떼의 눈부신 흔적을 보고 우리는 감동하였다. 긍휼한 흔적 하나 남기기 위해 고민 중인 나는 항용 북데기 같은 욕심만 가득 차 있을 뿐이다.

육수계곡, 수초 하나가 세찬 물살에 맞서고 있다. 안쓰러워 살짝 떼어 놓으려고 해도 팽팽히 중심을 잡고 잘 방어하고 있다. 혼을 빼앗기는 악조건에서도 지키고 선 것이다. 곧 물이 얕아지면 평온을 되찾을 줄 알기라도 하는 걸까. 세상 관심 밖에 있는 저 풀도 제 생명을 보존하기 위해 죽을힘을 다하고 있건만, 난 요즘 작은 일에도 지레 포기하고 의욕을 꺾는 일이 퍽 잦다. 나는 통감한다. 흔한 가운데에서도 올곧은 흔적 하나 남기기 위해 필사적으로 흔들려야 한다는 것을.

그 한마디

“너는 딱 공무원 타입이다. 공무원을 해라.”

한 인척의 말을 듣고 결국 난, 그 길에 들어서 있다. 알게 모르게 그 직업관을 목표로 삼았던 것이다. 덕분에 젊은 나이에 큰 방황 없이 진로를 택하게 되었다. 또 개인 회사의 이익이나 경영에는 관여하지 않고 오직 시민을 위해 봉사하며 또 나를 위해 일한다는 게 지금까지도 뿌듯하다.

그랬다. 누가 한마디 툭 던진 말이 평생을 좌우할 때가 있다. 잘되든 못되든 그 결과는 상상 이상으로 크다. 말하는 사람도 어느 정도 생각을 갖고 한 말이겠지만, 때론 듣는 처지에선 가슴에 와 닿는 말이 있기도 하다.

초등학교 육 학년 때였다. 담임 선생님께서 졸업을 앞두고 한 명씩 앞으로 불러내어 장기자랑을 시키셨다. 나는 대중가요 한 곡을 불렀다. 〈나그네 설움〉이었다. 그 당시 선생님이 놀라던 표정은 아직도 잊지 못한다. “이 녀석, 공부는 안 하고 언제 그런 노래를 다 배웠지?" 하셨다.

난 그 한마디에 우쭐했다. 그 후, 어딜 가서 기회가 되면 어렵지 않게 대중가요를 부르곤 했다. 사실 가수가 되고 싶었다. 라디오에 노래가 나오면 열심히 받아 적고 따라 불렀다. 그 당시 웬만한 곡은 빠트리지 않고 거의 다 욀 정도였다. 특기란에는 늘 '노래'라고 적었다. 그것은 군대에 가서도 예외가 아니었다. '노래 일발 장전'은 훈련을 가거나 회식이 있는 날 내내 따라다녔다.

최근 일이다. 한 모임에서 사회를 맡아 달라는 부탁을 받았다. 내가 잘하리라는 생각은 없었던 것 같고, 그냥 위치로 봐서 한 번쯤 해야 할 처지가 되었던가 보다. 난 선뜻 응했다. 자신을 평가해 보는 좋은 계기가 되겠구나 싶었다. 그것도 유명한 한 호텔에서 전국 명망 높은 문학인을 모아놓고 시상식 사회를 해 달라니 큰 영광이 아닐 수 없었다. 요즘 가뜩이나 주눅이 들고 무기력해진 자신을 한 단계 높일 수 있는 호기라고 생각했다.

조급해졌다. 마음도 머리도 바빠졌다. 일단 좋은 기분을 유지해야 한다. 혹여 관리 부실로 목감기라도 걸리면 큰일이다. 청중을 몰두케 하여 한 시간여 동안 유연하게 이끌어 가야 한다. 행사를 그르치면 두고두고 따가운 비판을 감수해야하는 형편 아닌가? 스포트라이트를 받으며 수많은 관중의 시선이 내게 집중

될 행사장을 그리며 취해 있었다.

어딜 가서 너스레는 잘 떠는 편이다. 남 앞에 나서기 싫어하고 자존심 강한 나약한 소년에서 탈바꿈하기 위한 묘책이다. 그러지 않고는 분위기에 적응하는 데 많은 애를 태운다. 하지만, 체계적인 말솜씨가 없어 걱정이다. 말이 빠르고 발음도 부정확하다. 어릴 땐 말더듬이가 심해서 물건을 사거나 차표를 끊을 때 심한 콤플렉스를 겪기도 했다. 사투리도 심해서 남이 잘 알아듣지를 못해 재차 말을 해줘야 할 때도 있다. 이러다가 이거 안 되겠다 싶었다. 옛말에 신언서판이라고 했는데, 한세상 구가하며 살다 갈 장부로서 영 말이 아니었다. 말 잘하는 사람을 보면 한없이 부러웠다.

행사가 다가올수록 신경이 예민해진다. 요즘 들어 목소리도 자주 쉬고, 감기는 목부터 오는 터라 겁이 덜컥 나기도 한다. 조금만 목에 힘이 들어가면 여지없이 탈이 난다. 소리꾼들이 부럽다. 막질러 대는 저 소리들……. 그나마 내게 위안을 주는 건, 마이크를 잡으면 의외로 침착해지는 걸 스스로 발견한다. 잠시 나의 단점을 망각해 버린다. 노래방 기기가 나오고 마이크가 대중화 되면서부터 나타난 위력이다.

밤이면 옥상에 올라 흰 달을 벗 삼아 '가나다라, 아에이오우'를 반복하며 발음 연습을 했다. 몸에 무리를 주지 않으려 온갖 노력을 게을리하지 않았다. 결국 그날 행사는 끝이 났고 모였던 사람들이 오며 가며 인사를 나누기에 바빴다. "잘했어요. 마이크를 잡으니 딴 사람이 되더군요." 듣기 좋았다. 깔끔하게 군더더기 없이 자연스럽게 진행했다는 평이다. 그런 힘이 내게 남아 있었다니 고무되지 않을 수 없었다. 수백 명 앞에서 한 시간 동안 큰 실수 없이 이끌어 갔다는 것은 아무래도 가슴 들뜨게 하는 일이다. 없던 자신감이 생겼다.

각기 개성이 다르듯, 갈 길도 다르다고 한다. 잘 알고 찾아가면 성공률이 높겠지만, 잘못하면 고생길로 접어든다. 아픈 곳도 바로 찾아 다스리면 금방 낫지 않던가. 자기의 장점을 잘 살리면 빛을 발할 수 있는데 대부분은 그렇지 못하고 중도에 포기하고 만다. 별로 주목받지 못하던 사람이 이외로 큰일을 하는 것을 많이 보아 왔다.

뚝배기보다 장맛이라더니, 그런 말을 들을 때가 있다. 사실 별 볼품없는 용모에 그나마도 내 진짜 멋과 향기를 이해해주니 여간 고맙지가 않다. 퇴직하고 자유의 몸이 되면 푸짐한 한복에다 마음을 맞춰가며 살리라. 고무신을 신고 다니기도 하고, 구레나룻도 길러 또 다른 모습으로 나를 각인 시켜 볼 요량이다.

"김 주사, 마이크 목소리가 참 좋아."

우연히 동주민센터의 앰프방송을 통해 홍보 문안을 읽던 중, 목소리가 좋다는 그 한마디에 나는 여태 그런 줄 알고 살고 있다.

3.

파이팅입니다

마음이 텅 비어 있는 자가 세상에서 가장 큰 부자라고 했다. 더 채울 수 있는 공간이 있으니 하는 말이리라. 사는 만큼 줄여나가야 하는데 이 소지품은 자꾸 늘어나는 것 같다. 늘어나는 만큼 내 인생의 더께가 늘어난다.

필사

우연히 한 문우의 권유로 필사라는 걸 시작하게 되었다. 마음에 드는 수필을 선별하여 쓰고 있다. 늦게 배운 도둑 날 새는 줄 모른다더니 삼매경에 빠져 자정을 넘기기가 일쑤다. 요즘같이 날씨가 추운 휴일엔 아예 방에서 꼼짝 않고 그 작업에 몰두하고 있다. 때로는 신명이 나기도 한다. 모르던 단어 하나하나를 터득하는 재미, 문장을 절묘하게 비유하여 이끄는 방법, 가보지 못한 곳을 마음껏 헤집고 다니며 폭넓은 경험을 하고 있는 것이다. 때로는 눈 덮인 시골마을에 갔다가 끝없는 지평선에 서 있기도 하고, 사각거리는 댓잎 옆에서 밤하늘의 별과 달을 만나기도 한다.

학교 다닐 때 선생님은 가장 나쁜 도둑이 남의 지식을 훔치는 자라 했으니, 필사가 그런 유의 일종이 아닌가 싶어 짐짓 피해왔었다. 남이 공들여 써 놓은 글을 그대로 베껴 쓰는 것은 커닝의 일종으로 얌체 같은 짓이라고 생각했다. 하지만, 옛 선비들이

묵객으로 이름을 드높이기까지 어떠한 난고를 겪으며 글공부를 하였던가를 생각해 본다. 외로이 떠있는 둥근 달을 벗 삼아 왕희지체니 추사체니 하여 아마도 수십, 수백 번을 베껴 씀으로 그 기초를 탄탄히 닦았다고 한다. 자기 본연의 색깔과 향은 오랜 숙련과 기반을 바탕으로 묻어나는 게 아닐까.

하루라도 연필을 들지 않으면 꼭 값나가는 무엇 하나를 놓친 것 같다. 수필 한 편을 필사하는 데 한 시간은 족히 걸린다. 시시때때로 떠오르는 잡념을 잠재우고 여유롭게 작가와 대화를 나눌 수 있어 좋다. 그가 무엇을 이야기하며 무슨 생각을 했는가를 유추해 보기도 하고, 작가의 표현이 나와 다른 점을 발견했을 때는 연못에 돌을 던지듯 슬며시 내 의견을 넣어본다. 그리고 그 파문을 즐긴다. 알지 못했던 지식과 감흥을 주니 고마울 뿐더러 요모조모 글을 짜 맞추고 정리하는 것도 흥미로운 일이 아닐 수 없다.

가끔 아이는 "아빠 재밌어요?" 하며 운을 띄운다. 나는 "그럼 재미있지." 하고 맞받아 준다. 글을 쓴답시고 책상에 앉아 있노라면 일순 속박에서 일탈하여 자유를 만끽한다. 고민이 스멀스멀 사라져 감을 느끼게 된다. 체한 음식이 내려가듯 후련한 명답 하나를 얻기도 한다. 더러는 컴퓨터 앞에 앉아야만 글감이 나온다는 사람이 있지만 나는 아직도 연필로 쓰는 쪽을 택한다. 하얀 백지 위에 한 획, 한 줄 써 가는 일은 심경의 변화를 옮겨가는 작업. 일체의 말이 필요 없으니 누가 턱없이 시비를 걸지 않아서 좋다. 침묵하며 마음껏 상상의 나래를 펼 수 있으니 얼마나 또 경제적이고 실리적인가.

마음이 없는 필사는 결코 하지 않는다. 신경과 팔의 동작이 융화를 이루어야 한다. 조금만 다른 쪽으로 치우치면 삐뚤어지거나 줄 간격도 균형을 이루지 못하여 다 쓰고 나서도 영 마음에 차지 않는다. 휘적휘적 날려 쓰는 버릇은 하루아침에 고칠 수는 없을 것 같다. 어떨 땐, 날려 쓴 글씨로 인해 나중에 확인하느라 시간을 더 소모하기도 하니 구태여 빨리 쓰는 것도 좋을 건 없다. 정신을 칼날같이 세우지 않으면 연필심도 자주 부러져, 날카롭고 정교하지 못해 글만 원망하게 된다. 그럴 땐 필사의 재미도 반감되고 만다.

그 글이 문학적이거나 다소 철학이 가미되면 좋다. 신변잡기를 늘어놓은 것은 괜히 공부하는 데 혼선만 준다. 요즘 수필은 너무 형식을 중하게 여기다 보니 다소 신선감이 떨어지는 것 같다. 읽노라면 무언가 힘이 불끈 솟아오르고 '그렇지.' 하고 탁자를 손으로 탁 치며 일어나고 싶은 진한 충동을 느끼는 글을 최고로 여기고 싶다. 그리고 한편의 서정을 노래하는 글이라면 더욱 마음이 편해진다. 자연의 세계를 다른 시각으로 보면서 인생을 노래하고 더 큰 삶의 방법을 제시하는 작가의 높은 정신을 닮고 싶기 때문이다.

써놓고 보면 흐뭇한 게 속이 후련해진다. 그만큼 정신집중이 되었다는 표징이기도 하다. 필사를 하다 보면 그중에는 문장이 맞지 않거나 단어가 부실할 때는 내심 자신감을 얻기도 한다. 상대의 허점을 발견하여 나도 이제 작품을 평할 수 있는 위치에 있는가 싶어 내심 놀랄 때도 있다. 읽기는 쉬워도 쓰기는 정말 어려운 것, 그것이 명작이요 문학이 아닐까 한다. 어느 정도 수준에 이르면 필사하기를 그만두어야겠다고 자만심을 드러낸다. 하지만, 지금의 글 실력이나 노력으로 견주어 보건대 요원하다는 생각이다.

그 취미는 퇴직을 하고 주요한 일 중 하나가 되었다. 마음에 닿는 작가의 책을 발견하고는 책상에 앉는 시간이 부쩍 많아졌다. 또박또박 마음 기울여 쓰고 있으면 온갖 잡념이 사라진다. 쉴 새 없이 그와 대화를 하다보면 저절로 그의 가치관에 빠져든다. 잃어가는 것들에 실마리를 제공하는 기법에 감탄을 한다. 싫었던 세상의 일들에 점차 의미를 부여해 생기를 돋워준다. 한동안 가슴이 떨려 멍하니 일손을 놓을 때도 있다. 그와 간간히 삶의 시답잖은 이야기부터 현실에 처한 상황을 주고받는 것도 큰 기쁨이다. 어느 날 정성스레 필사해 두었던 수첩을 그에게 주었다.

언젠가는 좋은 글을 쓰리라는 기대감에 차있다. 때로 그 기대감은 목표를 채우려는 성급함이 너무 앞서 방해가 될 때도 있다. 시중에 간행물이 홍수처럼 쏟아지는 것을 보면 저 속에서 내 글은 어디쯤일까 기우듬해지기도 한다. 필사를 하면서 주제와 소재가 무엇인지 면밀히 따져보며 새로운 낱말, 재미있는 비유법은 기억해 두려고 노력한다. 명수필가의 약력과 경력을 신중하게 대비해 보는 것에도 의미를 둔다. 정성껏 필사하고 나면 행복감에 젖어든다. 세월이 가도 읽히는 명작 단 한 편이라도 남기고 싶다.

끼어들기

어 어 어! 하는 사이에 영감님과 나는 바닥에 꼬꾸라졌다. 대명천지 뻔히 보면서도 그럴 수밖에 없었다. 대부분의 자동차 사고도 충돌 순간을 목격하면서 어쩔 수 없이 당한다고 한다. 내가 지금 그 모양이 되었다. 자전거를 타고 가는데 앞서 달리는 영감님의 속도가 너무 느려 추월하려고 했던 것이 화근이었다. 영감님이 무슨 생각에서인지 갑자기 왼쪽으로 방향을 틀면서 중앙선을 침범한 것이다. 순간 대각선으로 앞서나가려는 내 자전거와 꼼짝없이 부닥치고 말았다.

난 달리면서 벌어진 일이지만, 영감님은 아무 생각 없이 가다가 일어난 사고여서 무척 놀랐던가 보다. 둘은 나동그라져 한참 말이 없었다. 머릿속이 하얘졌다. 상대는 연세가 많은 어르신이다. 내가 먼저 툭툭 털고 일어났다. 영감님은 끙끙 앓으면서도 근심 어린 얼굴로 응시하다가 금방 원망하는 눈초리로 바뀌었다.

"아니, 영감님 그렇게 갑자기 끼어들기를 하면 어쩝니까?" 하며 난 먼저 기선을 제압하려 했다. "뭐가 끼어들기냐." 뒤에 오는 사람이 안전거리를 확보하고 알아서 가야 한다며 오히려 더 큰 소리로 나무랐다. 그러면서 정강이를 걷어 올려 상처 난 자국을 슬쩍 보여주었다. 주변엔 지나가는 사람도 없었다.

잘잘못은 고사하고 내가 숙이는 게 상책이다 싶었다. "그래, 많이 다치지는 않으셨어요. 한 번 일어나 걸어보세요." 영감님은 다리를 이리저리 흔들며 왔다 갔다 했다. 그러더니 "괜찮아." 하면서 이 나이까지 자전거를 타고 다녀도 오늘 같은 경우는 처음이라며 자기도 못 미더워 하고 헤어졌다.

때마침 금호강 둑에는 노란 개나리가 활짝 피었다. 오리배도 서서히 얼음을 걷고 봄 손님 맞을 채비를 하고 있었다. 자전거 바닥이 우레탄으로 포장이 되어 있어 망정이지 시멘트 바닥이면 상처가 클 수도 있겠다는 생각을 하자, 그나마 운이 좋은 편이라며 가슴을 쓸어내렸다. 나중에 친구한테 별것 아니게 얘기를 꺼냈더니 큰일이 날 뻔했다는 것이다. 운수 대통했다고 생각하란다. 골절상이라도 입으면 병원에 입원해야 하는 상황이 생겨 그 후의 일을 어떻게 감당할 거냐며 잔뜩 겁을 주었다. 죄인이 된 기분이었다.

정말 불행 중 다행이었다. 불법으로 끼어들기는 분명 잘못된 것이다. 최근 대형교통사고를 봐도 알 수 있듯, 서로에게 크나큰 아픔과 손실을 남긴다. 살아가면서도 우린 끼어들기를 부지불식간에 하거나 당한다. 자기도 모르게 상황에 휩싸이다 보면 그 길에 접어들게 되고 또 상처는 평생 치유할 수 없는 것으로 남는 일을 허다하게 봐왔다. 세상을 좀 강단 있게 살아보려 애를 써 보지만 얼마 안 가서 흐지부지되고 만다. 이래서는 안 되는데 하면서 돌이키지만 때늦은 후회만 하고 아픔을 곱씹는다. 나도 스스로 끼어드는 쪽보다 많이 당했다고 생각하는 사람으로 인식하고 있으니 아전인수일는지 모른다.

한 직장에 삼십여 년 일하면서 꽤 인정을 받았다고 여겼다. 격무 부서에서 밤새워 일하면서까지 열심히 했고, 그 때문에 집안일에 등한시한 적도 있었다. 인간성도 그만하면 됐고 노는 데도 일가견이 있다고 여겼었다. 나름대로 보람 있는 직장 생활을 한 편이다. 그러던 중, 진급을 얼마 앞두고 인사이동이 있었는데 엉뚱하게 남들이 피하는 부서로 발령이 났다. 생각지도 않던 일이 덜컥 벌어져 어찌할 바를 몰랐다. 이럴 수가 있다는 말인가. 인사 담당 부서를 찾았고 책임자에게 가서 따졌다. 도대체 어쩌자고 이렇게 홀대를 하느냐며 항의를 하자, 그곳도 중요한 자리인데 "열심히 하면 된다."라며 원론적인 이야기를 꺼냈다. 난 변명일 뿐이라며 고개를 흔들었다.

억장이 무너졌다. 누가 봐도 찍어 넣기 선심성 인사임에 틀림이 없어 보였다. 겨울 가지처럼 앙상한 외로움이 밀려왔다. 둘러봐도 직접 나서서 나를 대변해주고 도움을 줄 사람은 보이지 않았다. 신뢰가 일순에 무너지는 아픔이 찾아왔다. 다시 시작한다는 것은 시간상으로 불가능했다. 더 이상의 어떤 교활함 내지는 충성심이 내겐 허용되지 않았다. 삭혀야 했다. 스스로 무능함, 무력함을 인정하며 숙여야 하는 것이 세상 이치임을 다시 한 번 깨달았다.

분명 끼어들기를 당한 것이다. 끼어들기를 한 사람이 어찌됐든 잘되었으면 좋겠다고 생각했고 몇 년 후 난 퇴직을 했다. 그 사람이 진급도 하고 근무를 잘하고 있다는 말을 들은 지 얼마 안 된 어느 날이었다. 귀를 의심했다. 그가 뇌졸중으로 전신이 마비되어 병원에 실려 갔다는 말을 전해 들었다. 이럴 수가, 그토록 선처를 받아 뜻을 이룬 자에게 이런 가혹함이라니. 아무 상관이 없는 한 사람을 떨어뜨리고 또 한 사람을 중병으로 내몬 책임자가 한없이 원망스러웠다.

그렇구나. 바닷물이 넘치지 않고 여일하듯 다 좋을 수만은 없지. 나쁜 일 뒤엔 또 좋은 일도 생겨 공평하게 만드는 게 도리다. 시작도 끝도 없는 세상사일진대 무리하게 남을 앞서가려 하고, 뒤에 간다고 해서 애끓어야 할 필요가 없다. 좀 속력을 내어 빨리 달려가 본들, 다음 신호등에서 다 만나게 되는 것과 다르지 않다. 그날 자전거를 타다가 영감님과 추돌한 것은 내 삶에 경종을 울린 셈이다. 치열하게 자신의 미래를 개척하면서 살아가라고 견딜 만한 고통을 주는 것이었으리. 그 후로 난 자전거를 탈 때마다 지난 일을 떠올리며 조심을 하게 되었으니 그보다 더 값진 게 어디 있으랴.

이제 새 자전거를 사긴 했지만, 아직도 아파트 거치대에 그때의 헌 자전거를 보관하고 있다. 비록 먼지가 쌓이긴 했어도 더 양보하고 교만하지 말라며 뒷바퀴가 바라본다.

이게 사는 힘이지요

사는 게 힘들다고 합니다. 왜 태어났는지도 모르면서 이토록 고통받고 살아가는지 때론 넋을 놓기도 한답니다. 문제는 희망이 보이지 않을뿐더러 점점 더 삭막하고 재미없다며 불평이 느는 것입니다. 하기야 일찍 선인께서도 일생을 통틀어서 기쁜 일은 일부에 지나지 않는다고 말씀하셨지요. 사는 목적이 행복이라면 이건 너무 야박하구나, 싶기도 합니다. 솔직히 얘기해서 처음부터 손해 보는 장사를 하고 있다고 치면 참 부질없는 삶이요 대가인 셈이지요.

물론 이유는 있을 겁니다. 법을 잘 따르면 손해를 본다는 인식이 한 축일 수도 있지요. 세금을 잘 내고 공중도덕을 잘 지켜본들 내게 돌아오는 결과는 늘 초라하다고 그럽니다. 신은 돕는 자를 도우며 모든 일은 사필귀정이라고 하지 않았습니까. 그 철칙을 믿고 악착같이 살아왔건만, 세상인심은 엉뚱한데 들붙어 떨어지지 않고 나누어 갖는 것조차 무척 인색하더군요. 노력한 만큼 결실이 오는 것만도 아니라는 사실이 힘을 빠지게 합니다.

남을 속이거나 시기하는 자들이 판을 쳐 그 술수가 더욱 치밀해 가는 듯합니다. 제 아무리 정의와 진실을 부르짖어도 소귀에 경 읽기는 아닌지 우려스러워요. 주변을 둘러보면 잘사는 사람이 참 많습디다. 외제차가 아니면 상대를 하지 않고 대형 고급 주택에다 옷이며 몸치장도 화려해요. 도대체 무슨 큰일을 해냈기에 또 머리가 얼마나 뛰어나기에 그리 '땅땅'대며 살 수 있는지. 평생 벌어도 못 만질 돈을 잠시 잠깐에 거머쥐는 신출귀몰함을 지켜볼 수밖에 없는 현실이 홀린 건 아닌지 착각하게 됩니다.

나이가 더해갈수록 잡풀들이 고개를 쳐드는 걸 이해할 수 없습니다. 겨우 이거 하나 잡았다 싶으면 저게 또 와락 난처하게 만듭니다. 벼가 익으면 고개를 숙인다고 했거늘, 사람의 속성은 느려져도 어쩔 수 없나 싶습니다. 엉뚱한 일에 할 말을 잃곤 합니다. 절대 남한테 싫은 소리 못하고 선행을 베풀던 사람이 어느 날 불의의 사고로 운명하는 것을 보고 어떻게 대처해야 할지, 쉼 없이 바람은 불어대고 어둑어둑 영역을 잠식해 갑니다. 정신을 차리려고 끈을 바투 잡아보지만 얼마 안 가 느슨히 풀어지고 마니 참 기가 찰 수밖에는.

저물녘 강가에 섰습니다. 물오리 떼가 부지런히 갈퀴를 저으며 뭔가 잡아 올리거나 쫓아갑니다. 잠시도 쉬질 않아요. 무슨 팔자가 저리도 설쳐야만 되는 걸까, 얼핏 불쌍한 생각이 들다가도 '아니 행복할지도 모르지.' 그런 생각을 합니다. 잠시 정신을 팔면 가족이 위태로울지도 모릅니다. 오린들 무슨 연유로 어떻게 태어났는지 알 턱이 없겠지요. 전혀 개의치 않고 주어진 환경에서 열심히 살 뿐이죠. 간혹 천적을 만나거나 사고를 당해도 끄덕 않고 이튿날 아침 제 자리를 찾아 물살 가르는 모습이 경이롭기까지 합니다.

불안함 속에서도 평안이 있고 불행 속에서도 행복이 있다는 것을 잘 알고 있습니다. 권모술수와 악이 넘쳐나도 세상은 무던하게 진리 쪽으로 흘러가고 있기 때문이지요. 매번 뒷북만 치다 한순간 좋은 결과나 희망을 갖는 것이 결코 우연일 수는 없습니다. 뼈를 깎는 슬픔과 억울함이 있어도 극복하는 힘, 그 끈기가 죽순처럼 돋아날 때를 차분히 기다릴 줄도 알아야겠습니다. 다시 박차고 일어나려는 의지야말로 지금까지 잘 살아오게끔 한 근원이 아니겠습니까.

차곡차곡 가슴속에 쌓아 둘 것이 있습니다. 비바람이 불어도 절대 날려버릴 수 없는, 세월과 융화할 수 있는 자신감 그리고 꿋꿋한 기개 말입니다. 지난날 실패와 가슴 아팠던 것이 없었다면 오늘의 성공도 꿈꿀 수 없듯, 지울 수 없는 상처를 딛고 비로소 눈을 떠가는 것입니다. 출근길 깃발을 들고 교통지도를 하는 칠순노인의 깡마른 팔뚝이 눈물겹습니다. 서로 등 두드리며 가는 길 살펴 가도록 힘을 불어 주는 것은 사랑의 힘이었습니다. 꺾이어진 그들의 허리, 꺾여 한참을 더 꺾인 나이의 젊은이가 길을 다 건너도록 바라보는 눈망울이 애잔합니다.

간간이 바람이 붑니다. 수목들이 서로 몸 비벼대며 왈츠를 추는 멋진 밤이군요. 오늘도 태양과 달은 멋진 교대식을 해 주었습니다. 지금 그 어둠을 뚫고 경부선 열차가 힘차게 달려옵니다. 놀란 개구리도 차창을 향해 일제히 울음 울고요. 객실에서 손수레를 밀며 간식을 파는 점원의 눈과 귀도 밤이슬처럼 반짝이겠지요. 열차는 기어이 다다라야 할 책무가 있고 승객은 필히 떠나야 할 곡절이 있는 것입니다. 저 굳센 쇠바퀴 소리, 바로 사는 힘일 테지요.

환승이 좋아

작년에 다 나은 줄 알았던 식도염이 다시 찾아온 것 같다. 자주 찾는 의원은 지금 사는 집에서 많이 떨어진 곳에 있다. 전철을 탔다. 차에 앉아서는 병이 빨리 완치되는 것보다는 열심히 타이밍을 맞추는 데 집중하고 있다. 이 경우 저 경우, 모든 수를 재어본다. 의사에게 진료 후 처방전을 받아 곧바로 내려가서 약을 산 뒤 다시 집에 돌아오는 것까지, 시간 내 통과하는 방안을 따져보고 있다. 문제는 정류장에 버스가 제시간에 도착해야 가능한 것, 어느 하나라도 어긋나면 어려워진다. 한눈을 팔지 않고 기계처럼 착착 움직여야 한다.

내가 왜 이처럼 후다닥대는가 하면 그 '환승' 때문이다. 요즘 대중교통을 이용하면서 차 갈아타는 재미가 쏠쏠하다. 외출을 할 때면 어디서 어떻게 움직여야 할까 요리조리 견주어보는 게 흥미롭다. 이왕이면 처음 탄 차로 목적지에 도착하는 게 수월하겠지만, 뭐 그리 쫓기는 상황이 아닌데 지겨움도 덜 겸 분위기를 바꿔보는 것도 괜찮으리라 생각되기 때문이다. 도중에 버스와 전철을 한 번씩 갈아 타는 것도 더 묘미가 있고 색다른 기분이 든다. 버스는 바깥 움직임을 관찰하는 재미가 있지만, 차체가 많이 흔들려서 쉬이 피로해진다. 전철은 요동이 없어 좋다. 반면 서로 마주 보고 앉게 되어 시선 처리가 부담스럽기는 하다.

이 각박한 세상에 아직 백 원짜리가 통하다니…. 고맙다가도 참 대견하다. 대중교통을 이용하면서 천 원에 백 원짜리 동전 몇 개면 손님으로 귀히 대우를 받을 수가 있지 않은가. 나도 당당히 한 시민으로 어깨를 견주어 합류한다. 고객은 왕이라고 했으니. 그래 이 시간만큼은 마음 놓고 즐기는 거다. 사실 그 돈으로 시중에 나가면 할 수 있는 게 별로 없다. 원하는 곳까지 힘들이지 않고 데려다주니 얼마나 고마운가. '감사합니다.' '환승입니다.' 규칙적으로 들리는 차량 안내가 생동감을 불러일으킨다. 어쩌다 한 승객이 차비 시비가 붙으면 얼른 가서 '까짓것 이 돈쯤이야.' 하고 대신 처리해 주고픈, 그런 가볍고 느긋한 공간이기도 하다.

오래전부터 내겐 별다른 취미 하나가 있다. 무료할 때면 시내버스를 타는 것이다. 요즘은 전철도 있어 이곳저곳 환승이 되어 더욱 진가를 발휘한다. 적은 돈으로 서너 시간은 거뜬하게 보낼 수 있어 경제적이다. 고상한 말로 하자면 현장 체험이요 실습인 셈이다. 멀리 시외를 벗어나지 않고 나름대로 단출한 여행을 즐기는 한 방편이다. 대중 속에 섞여 맘껏 상상을 펼쳐보기도 하고 무언의 교류도 할 수 있다. 또 지금 내가 어디쯤 와 있는지 가늠한다. 그러다 보면 한결 젊어져 있다. 처지기만 했던 모습이 생기를 얻는다. 나이 든 사람의 모습에서는 머잖아 나도 저런 모습이 되지 않을까 싶어 얼른 자세를 곧추세우며 자성한다.

카드를 대면서 '환승입니다.'라는 안내가 나오면 그렇게 만족할 수가 없다. 달리기 시합에서 결승점을 무난히 통과하는 순간이다. 자리에 앉으러 갈 때까지의 그 짧은 희열은 기대 이상이다. 큰 무엇을 이뤄낸 듯, 쾌감이 온몸을 감싸 돈다. 그건 지금의 내 처지와 맞아 떨어진다고 해야 할까, 자신도 모르게 또 다른 변화를 희구하고 있음이다. 나이가 들수록 생각과 행동이 갇힌 늪 같다고 한다. 정체되지 않고 강으로 바다로 끊임없이 흘러가야 하리라. 모든 걸 거머쥘 수 없는 처지를 잘 알기에 그 환승이라는 말에 몰두하는가 보다. 딱 맞추어 탑승하는 촌음, 인생의 또 다른 무대에 오르는 감정이다.

간혹 착각에 빠지기도 한다. 마치 당신은 지금 '환생입니다.' 라고 하는 것 같다. 금세 마음이 들떠 복사꽃처럼 사위가 환해진다. 바깥 풍광이 아름답게 다가온다. 저기 앉아있는 승객의 표정도 해맑게 보여 환생하는 듯하다. 무덤덤한 것에서 무언가 돌파구를 찾는 반가움으로 일순 번져간다. 내겐 환생과 환승이라는 단어가 절묘하게 스치면서 정신을 일깨우고 있다. '환'의 뜻은 부활하여 새 생명을 일깨우는 위대함, 그리고 갈아탐으로 인해 승계되는 영원함이 나란히 꽃피운다. 죽었던 생물체가 다시 태어난다는 건 아무래도 비현실적인 것, 그래 난 늘 환승하는 기분으로 살면 좋겠다.

비록 사는 게 어렵고 힘들지라도 앞엣것을 무시하지 않고 인정하며 자연스레 뒤를 받아 매진하고 싶다. 수백만여 년의 인류 역사가 변천하며 오늘에 이르듯 끝없이 흐르고 굴러가는 것이다. 그 얼마나 자연스러운가. 육상 릴레이경기를 하면서 앞 선수가 다음 선수에게 정확히 바통을 넘겨주고, 전 세계인의 열렬한 환호를 받으며 현 올림픽 개최국이 성공적으로 차기 올림픽 개최국에 깃발을 넘기는 모습은 늘 가슴 뭉클하게 한다. 떳떳하고 자랑스러운 인계인수, 그것이 값진 환승으로 연결되는 순간 삶은 의미를 더한다. 환승이라는 벗이 나를 저버리지 않는다면 결코 저버리지 못할 일이다.

서둘러 의원 진료를 마치고 약까지 구입했다. 바쁘게 정류장으로 가는데 그만 타야 할 버스가 휙 지나가고 만다. 시장가엔 겨울바람마저 드세다. 오늘은 환승이 어렵겠다 싶다. 이 추운 날씨에 비닐 포장 하나에 의지하고 손님을 기다리는 상인의 표정이 무거워 보인다. 저 많은 걸 저물녘까지 다 팔 수 있을까. 누구나에게 인생에 고귀한 끄나풀을 이어가는 건 살아있음의 징표 아닐까. 그런 걱정들을 하면서 마음 추스른다. 그때다. 버스가 생각보다 빨리 도착했다. 난 차에 오르자마자 얼른 카드를 갖다 댔다. '환승입니다.' 명쾌한 울림이다. 긴장감이 스르르 풀린다. 차 안 따스함이 온몸에 녹아든다.

내 탓

뜻하지 않게 제동이 걸렸다. 모처럼 아내와 유명 호텔 결혼식도 참석하고 고급 요리도 먹어 보려 계획했었다. 출발이 좋지 않으면 끝도 좋지 않다고 했는데 분수에 맞지 않은 걸까, 일진이 좋지 않았을까. 불길한 예감이 선득 지나갔다. 그렇다고 식장을 바로 옆에 두고 안 갈 수도 없는 일, 허둥지둥 내달려 주차공간을 찾아보지만 이미 만원이었다. 지각이다. 마음은 점차 다급해지고 안전에 닥치는 족족 방해물로 보였다. 고명 성찬의 음식이 먹음직했으나 모래를 씹듯, 영 입맛도 없었다. 아까 자장면 배달부의 흐트러진 모습이 쉬 삭지지 않았기 때문이다.

사고는 바로 집 앞에서 순식간에 일어났다. 하필이면 그 시간에 오토바이가 내 옆을 지나쳤으며 하필이면 그때 학생은 건널목에서 위험을 무릅쓰고 뛰어가야만 했던가. 비록 장소는 달랐지만 난 오늘 원하지도 않았고 생각조차 하기 싫은, 안 해도 될 일을 감수했다. 공감할 부분이 있다면 너나없이 다 바빴다는 사실 뿐. 나는 중요한 결혼식을 가야 했고, 자장면 아저씨는 주문 시간에 맞춰 음식을 배달해야 했고, 학생은 절체절명 건너편 쪽에 뛰어가야만 했을 사유가 있었을 것이다. 갈팡질팡 그른 길만 간다는 삶, 아무래도 소득 없는 모험을 감행한 것 같다.

씨름선수가 들배지기 한판에 '휙' 나자빠지듯 사람과 물건이 동시에 나뒹굴었다. 그는 자기가 곧 당해야 할 상황을 뻔히 알면서도 어쩔 수 없이 부딪친 것이다. 자장면은 통 밖으로 흘러나오고 검은색 겉저고리는 흙과 음식물이 묻어 남루해졌다. 오토바이는 시동이 꺼진 채 시위하듯 드러누웠고 그는 숨을 몰아쉬며 놀란 토끼 눈을 하고 있었다. 나 또한 엉겁결에 일어난 일이라 당황하지 않을 수 없었다. "이봐요! 뒤도 돌아보지 않고 갑자기 핸들을 꺾으면 어쩝니까." 기계적으로 벌떡 일어나더니 나무랐다. 상황은 완전히 내가 불리한 쪽으로 전개되었다.

아내와 난 그예 죄인이 되고 말았다. 옷과 배달통을 닦아 주며 괜찮으냐고 읍례를 했다. 물론 자장면이고 오토바이고 전액 보상해 주겠노라고 했다. 검푸르죽죽한 얼굴을 요모조모 살피며 다친 데는 없느냐며 묻고 또 물어보았다. 한참이 지난 후에야 고른 숨결과 몸짓, 눈동자가 제자리를 찾는 듯했다. 다행히 괜찮단다. 정말 고마웠다. 분명 출발 전, 차에 오를 때는 앞뒤에 아무도 없었다. 귀신한테 홀린 건지. 그 사이 어디서 날아왔는지.

도무지 모를 일이었다. 그래도 그렇지 안전모라도 쓰고 조심해서 오면 될 것을, 자장면 배달이 뭐가 그리 급하다고. 정신을 조금씩 차리게 되니 슬며시 야속한 생각이 들었다.

상황을 추려 보니 내 잘못이 큰 것으로 결론을 얻었다. 미처 후사경을 확인하지 않고 출발하려 했던 것 같다. 심기가 불편한 게 일이 손에 잡히지 않았다. 바로 며칠 전, 같은 장소에서 내 차가 후진 차에 받혀 정비공장 신세를 졌었는데 이 또 무슨 일인고. 그 당시 앞집에 사는 젊은 부부가 미안해 어쩔 줄 몰라 하는 모습이 자꾸 눈앞에 어리어 왔다. 그 역할을 지금 내가 하고 있다는 생각에 괜스레 아내마저 미워졌다. 차라리 헌 차였으면 좋겠다는 생각이 들었다. 그러면 이런저런 신경을 쓰지 않아도 될 게 아닌가. 지나친 집착이 오히려 일만 더 번잡하게 한다며 아내더러 인제 그만 놓아둬 보자고 해본다.

그래, 이 일만 끝내고 오늘은 누가 뭐래도 바깥출입을 삼가자. 혹 나가더라고 교통법규를 준수해서 운행하고 느긋하게 하루를 소화해야지. 이런 다짐을 하며 건널목을 막 통과하려는데 난 그만 또 혼비백산이 되었다. 불과 두어 시간 전의 악몽이 채 사라지기도 전에 일어났다. 마지막 파란 불이 깜박거릴 때만 하더라도 무엇 하나 나타날 징조가 없었다. 별 상관이 없으리라 판단하고 천천히 도는 순간 어디선가 검정 물체가 나타난 것이다. 교복

차림의 고등학생이었다. 황급히 멈추었다. 학생은 물 밖에 나온 숭어처럼 '후다닥' 건너편 쪽으로 사라졌다. 자기 동작이 빨라서 건너가는 데 성공을 했으리라고 만족해할 것이다. 어찌 이럴 수가, 한동안 난 정신을 잃었다. 말문이 막혔다.

"살다가 보면 그렇게 간단히 액땜을 하는 수가 있지요. 김 선생 힘내세요." 해 질 무렵 한 통의 메시지를 받았다. 아까 열두 시 결혼식을 마치고 동인끼리 모여 차 한 잔 나누자는 제안을 오토바이 접촉사고를 이유로 마다했었다. 한가하게 앉아 얘기를 나눌 그런 기분이 아니었기 때문이다. 내가 액땜을 한 걸까. 그러고 보니 집을 나설 때 뭔가 찜찜한 것이 있었다. 더 큰 사고를 예방하기 위한 절차였을까. 뒤에 일어날 일을 막기 위한 방편으로 본다면 앞의 사고는 분명 액땜이라 할 수 있는 것이다. 당연히 큰 위해를 막아 주었으니 정작 고마운 일이긴 하다.

자기 운은 타고난다고 했던가. 오늘의 전말은 미리 점지 되었을 수도 있다. 나의 의지와는 전혀 상관없이 이루어진 것이라면, 상대편의 잘못으로 내가 피해를 본 것이 된다. 과연 그럴까, 내가 피해자로서 억울한 일인가? 아니다. 그렇지 않을지도 모른다. 뒤집어 생각해 보자. 그 사람도 하필 그 시간에 안 나타났더라면 사고를 피했으리라. 나의 어중간한 위치 선택이나 타이밍이 그 사람을 방해했을지 모른다. 나 때문에 그도 많이 놀랐을 것이고 얼마간 마음에 상처를 받을 것이다. 어쩌면 두고두고 가슴을 쓸어내리리라. 뭐 그런 사람이 다 있느냐고 할지도 모른다.

이런 생각을 하니 모든 게 내 잘못이다. 자장면 아저씨에게 피해를 주어서 미안하고 예식장에서는 지인들께 다소곳이 대하지 못해 면목이 없다. 건널목에서 고등학생을 놀라게 한 것도 측은한 마음에 잘 숙지지 않는다. 세상일이 다 인연으로 이루어진 것들이라고 했다. 자기 잘못은 덮어두고 남의 탓으로 돌린다면 우선은 가볍게 넘어갈 수는 있지만 화禍가 되어 되돌아오는 속도 또한 빠를 것이다. 비록 오늘 내가 겪은 일이 인생의 먼 항해 중 암초 하나에 불과하겠지만 살아가면서 더 험준한 풍랑을 만날지도 모른다. 일이 마음대로 되지 않는다고 버럭 화를 내며 경솔했던 것이 괴란쩍다.

그가 웃던 날

석 달 만에 그는 포장지를 뜯을 수 있었다. 그리고 함박웃음을 지었다. 시기를 여러 번 놓쳐 민망해 하던 직장 동료도 마침내 최종 발표 날엔 자기 일처럼 기뻐했다. 다들 그 나이에 어려울 것으로 생각하는 차에 해냈다는 것이 얼른 믿기지 않았던가 보다. 시험을 치러 가던 날, 합격을 기원하는 뜻에서 알음알음 찹쌀떡이며 초콜릿을 선물했다. 서점에서 임자를 못 만난 책처럼, 축하 초콜릿은 캐비닛에 그냥 우두커니 있다가 크리스마스 캐럴이 울려 퍼지는 십이월에야 바깥바람을 쐬게 되었다. 어렵게 워드 2급 시험에 합격을 한 것이다.

그는 직업 전선에 늦게 뛰어들었다. 당연히 주변 친구들보다 결혼이며 출세도 늦은 편이었다. 당장 세상이 뒤바뀐다 해도 변덕이 없을, 성실하고 인간성 좋기로 소문난 그였다. 남들은 때맞추어 착착 진급도 잘하는데 꼭 중요한 시점에 뒷전으로 밀리는 수모를 수차례나 겪어왔다. 젊을 때 날밤을 새가며 직장 일에 매달린 적이 어디 한두 번이었던가. 만사 제쳐놓고 한 몸을 희생해 왔다고 자부해왔건만 세상은 마음대로 되질 않았다. 누가 그를 버렸을까? 대놓고 원망할 수도 없는 딱한 처지였다.

보다 못한 한 선배가 훈수를 두었다. 컴퓨터 워드 자격증이라도 따서 근무 가점을 보태라는 것이었다. 지당하고 명쾌한 답이지만 자격증이라야 겨우 운전면허밖에 없고 기기조작에 문외한인 그가 '무슨 수로 될까?' 차일피일 미루어 온 터였다. 그래도 어쩔 것인가. '그래, 한번 해보자.' 막다른 길이라 생각하고 불쑥 용기를 내었다. 먼저 가방부터 하나 샀다. 학원에라도 다닐까 하다가 어차피 자신이 깨달아야 할 공부, 독학을 결정했다. 물에 빠진 사람 지푸라기라도 잡는 심정으로 붙잡고 늘어졌다. 창피하지만 아이들에게 물어서 하리라고. 그렇게 단단히 출발했다.

느지막이 가방을 들고 다니니 무슨 고시 공부라도 하느냐며 궁금해 하는 사람이 많았다. "뭐, 취미생활 좀 하지." 그냥 우스개로 넘겨버리곤 했다. 퇴근 후엔 혼자 덩그런 사무실에 남아 필기 문제지와 실기연습에 몰두했다. 뜻도 모르는 영문 원어를 외우고 딱딱한 자판을 쉬지 않고 두들겨 댔다. 먼저 환경부터 설정을 하고 문단 정렬, 줄 간격, 한자 변환, 글 크기, 표 만들기 등 어느 것 하나 소홀히 할 수가 없었다.

화면을 오래 쳐다보니 눈마저 따가웠다. 이태 전 자판연습을 무리하게 하다가 왼쪽 팔 인대가 늘어나 무척 고생을 한 적이 있었다. 이렇게 자격증 타령하다가 재발하면 아니함만 못한 결과가 되겠지만 지금 와서 물러설 수도 없는 한 판이었다.

보름여 만에 1 · 2급 필기시험은 무난히 합격했다. 실기 시험도 나름대로 연습을 해왔기 때문에 돌발 상황이 없는 한 합격하리라 믿었다. 그러나 그건 희망사항이었다. 뜻대로 되질 않았다. 처음부터 중 · 고등학생들 틈에서 겨룬다는 게 어불성설일지도 몰랐다. 옆에 있는 또래의 한 사람은 오늘이 아홉 번째 도전인데 너무 떨려서 약주 한 잔을 하고 왔다며 열없는 표정을 지었다. 간혹 시험장에서 그이처럼 늦깎이를 만나게 되면 치열한 삶의 한 단면을 보는 것과 같아 서글퍼졌다. 사람이 살면서 가장 딱한 것이 '늙어서 고생하는 사람'이라고 했는데.

그날도 미리 찹쌀떡 두어 개를 먹고 시험장에 입장을 했다. 마음은 학창시절로 돌아갔고 가슴은 여전히 뛰었다. "자, 그러면 시작하겠습니다." 중후한 목소리로 감독관의 신호가 떨어졌다. 동시에 컴퓨터 오른쪽 위에 있는 시간 체크기는 1,800 고지에서 1초씩 줄어들기 시작했다. 삼십여 명의 수험생이 두드리는 자판기 소리는 비닐하우스에 우박 떨어지는 소리와도 같았다. 1799, 1798, 1797 ……. 세상이 거꾸로 흘러가고 있었다. 초침의 이동은 그를 점점 비참하게 잠식해 들어갔다. 모험을 하고 있다는 생각이 스치고 또 스쳐 지나갔다.

모든 것은 제자리에 있지만 마음은 여기저기에서 꼭두각시 춤을 추고 있었다. 글씨는 자잘해서 잘 보이지도 않고, 손가락은 뻣뻣하게 굳어 있었다. 어쩌다 쳐 놓은 것마저 오타이고, 다시 원점으로 갔다 오기를 반복했다. 한글과 영어가 헛갈리고 마우스마저 잘 굴러가지 않았다. 커서가 깜빡이며 그를 농락하려 들었다. 애간장이 타들어갔다. 자세도 불안정한지 어깨에 힘만 잔뜩 들어갔다. 그날따라 자판이 더욱 미끄러워 손에 붙어 있지를 않았다. 힐끔 좌우를 보니 이미 시험을 종료한 중고등학생들이 지겹다는 듯 앉아 있었다.

'아! 또 틀렸구나. 아무래도 헛짚은 것 같다. 지금 낙방하면 또 언제 온단 말인가. 오십을 바라보는 이 나이에 어찌하려고. 정신 차리자, 여기서 끝장을 봐야 한다. 직원들, 또 집에 있는 가족들에게 무슨 핑계로 얼굴을 대할 수 있겠는가. 죽어 나가는 한이 있더라고 승전보를 안고 가야 한다. 침착하자, 침착.'

눈을 부라리고 감았다 떴다 반복하기를 삼십 분, 정확히 1,800초이다. 세상에 이런 순간도 있구나. 그에게 삼십 분은 처음부터 없었을지도 모른다. 아무런 감정과 느낌, 생각도 할 수가 없는 시간이었다. 어떻게 시작을 해서 마무리 했는지조차 기억이 없는, 마취상태에서 깨어난 듯 몽롱하고 허탈감이 몰려왔다.

결국, 그는 세 번만에야 합격을 했다. 그 후, 꿈에서 바라던 진급의 기쁨도 누렸다. 붉은 관인이 선명하게 찍힌 자격증이 지갑 속에 있어 뿌듯하기 그지없었다. 누가 물어만 준다면 회심의 미소를 띠며 못 이긴 척 슬쩍 보여주고 싶었다. 자랑스러웠다.

"진급, 나 혼자 아무리 원한다고 될 일도 아니지요. 그러나 자격증은 노력하는 만큼 꼭 결실이 있을 거라고 믿었어요. 사실 캐비닛에 넣어둔 초콜릿이 빨리 먹고 싶었답니다…."

진급 축하주를 내는 자리에서 감격 어린 건배를 제의했다. 훤한 그의 이마에 고된 세월의 주름살 두어 개가 덩달아 빛나는 순간이었다.

성적표

학교에서 성적표를 받는 날은 괜히 두려웠다.

공부를 잘했으면 무슨 문제가 될까만, 아무리 해보아도 성적은 늘 제자리에 있으니 면목도 없다. 그날은 부모님에게 뭔가 빚을 진 것 같고, 괜히 설레는 속내가 그리 싫었다. 조금이라도 성적이 향상되면 얼른 집에 가서 자랑을 하고 싶었다. 가슴은 콩닥콩닥 걸음도 날아갈 듯하지만, 기대 이하일 때는 골목을 서성대다가 해가 저물어서야 비시시 대문을 열고 들어가곤 했다.

비로소 황량한 들판에 서 혼자가 되는 그 적적함이란…….

성적은 꼬리표처럼 따라 붙었다. 수준을 알고 잘 대처하라는 경종과도 같은 것,

한창땐 "그게 뭐 대수냐?"라며 기고만장했다. 자기 등급을 객관적으로 잘 나타내주고 있는데도 왠지 심오한 점을 놓쳐버린 것 같은 조금은 서운한 성적표였다. 학교 졸업만 하면 출세가도를 핑핑 내달릴 줄 알았다. 그 뒷면엔 으레 부족한 과목을 일러

주었지만, 성적은 좀처럼 나아지지 않고 졸업할 때까지 속을 썩였다. 결국, 극복할 수 없는 나의 단점이 되고 말 줄이야.

오늘은 자동차 성적표를 받는 날이다. 이 년마다 한 번씩 하는 정기 정밀검사를 미룰 순 없다. 검사소에 들여보내놓고 나니 비록 말 못하는 철제이지만, 저 혼자 멀뚱히 있는 게 어찌 측은한 생각이 든다. 애지중지 기르던 소를 시장에 내어 놓는 격이라고 할까? 낯선 곳에서 시답잖은 요청에 간혹 목청을 따는 굉음을 내기도 하고, 피와 살점 일부를 떼어내 주기도 했을 것이다. 그간 힘겨운 길을 달리느라 혹여 주인 모르는 중병이라도 앓고 있지나 않았는지. 무거운 시간이 흐르고 있다.

얼마 전 난 종합건강검진을 받았다. 검진이란 것이 살아가며 선뜻 하기 싫은 것 중의 하나이다. 검사 전날 밤은 정말 고통스러웠다. 대장검사를 위한 사전 약물 복용 탓이다. 약품의 냄새와 역겨운 맛이 멀쩡한 사람을 기진맥진케 했다. 도로 병이 날 것만 같았다. 그걸 짧은 시간에 물 마시 듯 하라니 고행이 따로 없다. 그래도 어쩔 수 없는 일이었다.

다음날 아침 일찍 검진소를 갔다. 가운을 걸친 대기자들은 잔뜩 기가 죽은 표정이다. 어서 진료를 받고 좋은 결과를 얻어야 하는 숙명적인 과제를 안고 있다.

간호원의 이런저런 동작과 지시를 따르거나 천장을 보고 누워 있을 때는 꼭 시험대에 오른 기분이다. 그간의 성적표를 기다린다는 기대와 초조함이 두려움으로 바뀌어 간다. 하나씩 강도를 더해가는 검진은 간호사의 친절함에서 다소 누그러지긴 하지만, 한편으로 무기력에 빠지게도 한다. 종국에 우린 어린아이처럼 본연으로 돌아가는 것을.

사실 자주 육신이 삐걱대니 뭔 탈이라도 났을까 불안하다. 그러면서도 한편으론 믿으려 한다. 모르고 사는 게, 참고 사는 게 오히려 약이 될 경우가 많았던 우리 삶 아니던가. 따지고 보니 참 어리석게도 몸을 혹사해 왔다. 소화도 잘 안 되면서 독한 술이며, 과식을 일삼아 속을 불편하게 하고 화나게 했다. 그러면서 뒷일은 알아서 하라는 식으로 던져놓고 요행을 바랐으니.

만약 내가 아파 누우면 어떻게 될 것인가, 사랑하는 가족이며 친구 그리고 즐기는 취미생활도 포기해야 된다. 아, 그럴 순 없다.

"별 이상은 없네요."

노의사가 종합 진단서를 한참 훑어보더니 하는 말이다. 고맙다. 나이가 있으니 몸무게도 좀 줄여야 하며 운동을 규칙적으로 하고 무엇보다도 과식을 하지 말라고 권한다. 알면서도 참 지키기가 어려운 처방이다.

옳지, 다시 출발하자. 이제 술도 덜 마시고, 체내 부담도 줄여야 한다. 욕심도 털어 버리고 결심한 일에 쉽게 허물어지지 않게끔 강하게 살아야지. 세차장 터널을 막 빠져나온 차창처럼 정신이 맑다.

저쪽에서 장막을 뚫고 스르르 미끄러져 온다. 회색빛 색상에 눈에 익은 번호판을 보니 분명히 내 차다. 반갑다. 저도 환한 웃음을 지어 보인다. 결과는 '적합' 선명한 직인이 찍혀있다. 그간 무던하게 손발이 되어 구르고 또 구르면서 책임을 다해왔다. 새삼 대견하다. 주야장천 밟았다가 놓았다가 때론 서툰 작동도 많이 했을 것이다. 차 중엔 모범생인 셈이다.

성적표를 기다리는 심정은 기대 반 우려 반이다. 그렇지만 기대 이하일 경우가 많다. 욕심이 과하여 잘한 것보다 못한 게 더 많고, 또 안 된 것은 유독 크게 드러나게 마련이다. 무릇 인생살이가 행복보다는 불행이 많다는 것과 다르지 않음이다.

내 몸이 건강하다는 결과가 나왔다. 십 년여 동안 달려준 차도 별 탈이 없다니 묵은 체증이 가라앉듯 가뿐하다. 내킨 김에 저 높은 곳으로 훌쩍 날아도 보고 싶다. 내가 늘 두려워했던 성적표, 올핸 이리도 괜찮으니 불끈 힘이 솟는다.

소지품

소지품이라고 해서 가볍게 볼 게 아니다. 하나라도 없으면 불편한 건 이루 말할 수 없다. 구석지고 외진 곳에서 더러는 밀려다니며 적절한 대우를 받지 못할 때도 있다. 조금이라도 자기를 소홀히 다루면 바로 '펀치머신'처럼 되돌아와 주인을 곤경에 처하게 한다. 그러나 아껴주고 챙겨주는 만큼 묵묵히 보필을 해주니 의리와 신임은 두텁다. 살아가는 데 없어서는 안 될 필수품이니 그보다 더 소중한 게 있을까 싶다. 그도 나름대로 정해진 자리에서 인체 각 부분을 담당하며 제 구실을 다하고 있다.

먼저 가냘프기만 한 이쑤시개를 보자. 비록 자그만하지만 그 위력은 대단하다. 식사 후 치아를 청소하지 않으면 쑤시고 불편하기 그지없다. 덮어씌운 중간에 빈틈이 있다 보니 식후엔 찌꺼기 제거 작업에 별도 시간을 할애하여야 한다. 작은 솔로 된 것인데 어쩌다 빠트리고 집을 나오면 아쉬움이 이만저만 아니다. 식당에 비치한 이쑤시개는 효용이 적어 나무젓가락을 부러트려

처치를 해보지만 신통치 않다. 온종일 혀를 굴리며 찜찜해한다. 자칫 잊어버리기가 쉬워 주의를 게을리하지 않는다. 내 식도락을 도와준다.

손수건은 또 어떤가. 유난히 더위에 약한 나는 땀을 많이 흘린다. 힘든 작업을 하거나 등산이라도 하면 아예 머리에 손수건을 얹어 놓고 있다. 특히 매운 음식, 뜨거운 국물을 먹을 때 그 역할은 크다. 비 오듯 줄줄 흐르는 육수를 어떻게 해결할 수 있겠는가? 또 감기에 걸렸다 하면 쉴 사이 없이 위아래에서 분출하는 눈물, 콧물은 어쩔 것인가? 그런데 정작 필요할 때가 따로 있다. 가랑비 내리는 어느 날, 한 뼘 내 대머리를 덮어주며 공덕을 베푸는 향연은 무엇으로 고마워해야 할지. 주인께서 차마 물에 빠진 생쥐 모습이 되는 것을 그냥 볼 수 없었음이라. 나의 외부 치장을 맡았다.

수첩과 필기구 또한 없어서는 안 될 소지품이다. 유사시를 대비하여 바로 끄집어내야 한다. 요즘 들어 기억력 감퇴로 외울 생각을 하지 않으니 더욱 필요해진다. 예금통장 번호를 비롯하여 빽빽이 적힌 전화번호는 동창회, 직장, 동인모임 등 부분별로 정리를 해놓았다. 수시로 떠오르는 귀중한 생각들을 적는 것도 빠트릴 수 없다. 등단 선물로 받은 만년필을 나는 가장 소중하게 여긴다. 수첩엔 작은 명함과 교통카드도 가지런히 꽂혀 있다. 버스에 올라 교통카드나 천 원짜리 한 장 없어 당한 낭패감이란, 챙기지 못한 혹독한 되돌림이라 달게 받았다. 머리와 수족을 담당한다.

아, 휴대전화가 없는 생활을 상상해 보라. 온통 사회는 휴대전화 열병에 걸렸다 해도 과언이 아닐 것이다. 아이들뿐 아니라 이미 어른들도 이 신출귀몰한 소품에 푹 빠져든 것 같다. 아이들은 기기조작을 통하여 스트레스를 풀려 하고 어른에겐 삶의 수단으로써 생활 속에 깊숙이 자리 잡았다. 잠자리에 들어서도 옆에 두고 자야 마음이 놓인다. 높고 깊은 산, 달리는 지하철, 이역만리 외국에 가서도 든든하게 보좌하고 있으니 어찌 잠시도 소지하지 않을 수 있으랴! 다소 어려운 사이라도 한 통의 전화로 쉽게 친교할 수 있고, 정서적인 면에서도 구세주 역할을 해준다. 아마도 휴대 전화 안테나로 귀청을 후비는 자는 나뿐인가 한다. 입과 귀를 담당해 준다.

지갑을 잃어버려 무척 속상했던 적이 있었다. 돈도 아깝지만 주민등록증, 운전면허증, 신용카드 분실신고를 해야 하고 새로 만들어야 하는 일을 생각하면 여간 번거로운 일이 아니다. 문득 그 순간엔 살아가야 할 인생을 일시 퇴보케 한다는 생각이 들 정도다. 평생진찰권을 비롯한 가족사진이며, 상시 공양 이용권도 있으니 그럴 수밖에는. 언젠가 등산을 갔다가 자동차 키를 차에

꽂아두고 내리는 바람에 곤욕을 치렀다. 그 후로 예비키도 하나 추가했더니 갈수록 지갑이 불룩해진다. 가지고 다니지 말까도 해 보지만 지금으로서는 불가능해 보인다. 심장부를 담당하기 때문이다.

그뿐인가 또 있다. 감기약, 소화제, 진통제 몇 알은 가지고 있어야 한다. 체질적으로 입이 자주 부르터 연고를 넣고 다닌다. 때로는 안약도 필요하다. 왼쪽 바지 주머니엔 항상 커피 자판기나 버스요금을 위해 천 원 남짓 동전도 준비한다. 요즘엔 사무실 열쇠도 필수적이다. 식구들이 다 잠든 밤늦은 시간 집에 들어가려면 대문열쇠도 필요하다. 겨울엔 그나마 호주머니가 많아 소지품의 완전수용이 가능하지만 여름철엔 난감해진다. 참 또 있다. 나를 지켜주는 부적符籍도 늘 깊숙이 있어야 마음이 한결 편안해진다.

소지품 검사를 할 때는 괜히 죄를 지은 것 같고 오장이 졸아든다. 학교 다닐 때 선생님은 자주 소지품 검사를 했다. 바른 생활습관을 위해서 당연히 필요했을 것이다. 군대에서의 점호시간, 소지품 검사는 정신 상태를 점검하는 척도로 위반할 시 엄하게 다스렸다. 이제 자유로울 때도 되었건만 아직도 내 삶은 스스로 쳐놓은 울타리에서 크게 벗어나지 못하고 있다. 그것이 심적이든 물적이든 마찬가지다. 남에겐 아무 하잘것없는 소지품이지만 당사자에겐 매우 중요한 것일 수 있다. 마음이 텅 비어 있는 자가 세상에서 가장 큰 부자라고 했다. 더 채울 수 있는 공간이 있으니 하는 말이리라. 사는 만큼 줄여나가야 하는데 이 소지품은 자꾸 늘어나는 것 같다. 늘어나는 만큼 내 인생의 더께가 늘어난다.

'파이팅'입니다

병원 문을 들어섰다. 못 갈 곳에라도 간 것 같아 잠시 머뭇거렸다. 아직은 젊은 축에 든다는 내가 노인네 틈에 있다는 것이 여간 머쓱한 게 아니었다. 비록 자그만 동네 의원이지만 명의로 소문이 나 한참을 기다려야 했다. 겨우 구석진 곳에 자리를 잡고서야 잡지에 몰두할 수 있었다. 숨이 차서 얼굴이 희멀건 사람, 지팡이에 의지하며 거동이 불편한 사람, 긴 의자에 누워 순서를 기다리는 사람들로 이미 대기실은 만원이었다. 좌우로 분위기를 탐지하다가 내 쪽에서 시선이 멎는 것만 같았다. 부담스러운 시간이 명멸하며 흘러갔다.

뱃살을 한번 빼 보겠다고 무리하게 마라톤을 시작한 게 화근이었다. 체력 한계도 모르고, 사전 준비운동도 없이 조급한 마음으로 했던 탓이다. 과욕이었다. 힘줄이 당기는 듯한 통증을 참아가며 하는 게 옳은 운동인 줄 알았다. 결국, 무릎 부위에 탈이 나고 말았다. 평생 병원 신세를 안 진 사람도 있다는데, 잔병

치레를 밥 먹듯이 하다니. 아무래도 좀 유별난 사람인가 싶다. 설상가상으로 지난번 등행 후로는 덜 아픈 왼쪽 다리까지 통증이 오기 시작했다. 불편함이 이만저만 아니다. 이게 마지막 치료였으면 좋겠다는 간절한 바람으로 낯선 대기실에 앉아 이름 석 자에 귀를 쫑긋 세우고 있다.

어디서나 '파이팅'이란 말을 어렵지 않게 듣게 된다. 불가분의 경쟁 그리고 살아남아야 하는 부담감, 모든 일이 무사해 지기를 기원하는 외침일 수 있다. 점점 나약해져 가는 자신을 일으켜 세우기 위한 몸부림이다. 아침 출근시간에 아이들하고 "파이팅!" 하면서 헤어진다. 학교 기말고사나, 자격시험, 때론 학교 가기를 많이 어려워할 때 나는 더더욱 힘을 실어 준다. 그것은 아이의 축 처진 어깨를 떠받쳐 주는 역할만 하는 게 아니라, 말하는 나 자신에게도 부족한 기운을 채우고자 하는 내심이 크다. 분산된 힘을 결집하려는 뜻이 내포되어 일거양득의 효과를 얻는 셈이다. 현관문을 나서는 아이의 발걸음도 한결 가볍다.

위기에 처해있을 때 그 힘은 실로 컸다. 진급이 안 되어 깊은 실의에 빠진 적이 있었다. 눌려져 오는 인생의 패배감, 열등감으로 더는 세상에 한 발자국도 앞으로 나설 수가 없었다. 내 전부가 이것이란 말인가, 순탄하기만 했던 지나온 삶에 짙은 먹구름이 덮여 온다고 생각하니 점차 두려워 자신감마저도 잃어 갔다. 반평생을 지켜왔던 고루한 자존심은 대형 빙하가 무게를 못 이겨 삽시에 무너져 내리듯 상처만 남겼다. 원래대로 일으켜세워줄 그 어떤 것도 없어 보였다. 그러나 측은지정의 동료애, 보는 이마다 진심에서 우러나오는 격려의 말에 생각보다 쉽게 극복할 수 있었다. 보이지 않는 힘이란 이를 두고 하는 말인가, 새삼 놀라게 된다.

그렇다. 파이팅은 나 하나 잘되자고 하는 것이 아니라 모두가 잘되자고 할 때 더욱 값진 것이다. 각종 시합이나 경기 때 외치는 그 우렁찬 소리, 필승을 다짐하는 단합의 소리, 그 힘은 약육강식의 차원을 떠난 끈질긴 삶의 부르짖음일지도 모른다. 바로 우리가 살아 있다는 징표이리라. 살아있다는 것은 거룩함이요, 무한 도전으로 말미암아 그 빛은 발한다. 직장에서 나란히 어깨를 견주고 나아가자면, 자식들에게 남들처럼 욕망을 채워주자면, 사회에서 지탄받지 않고 살아가자면 선택의 여지가 없어 보인다. 마음대로 안 될 때 오는 허탈과 배신감을 극복하는 힘이 필요하다. 어쩌면 이건 나와의 끈질긴 싸움이며 마지막까지 짊어지고 가야 할 숙명이나 다름없다.

아까부터 대기실 한쪽에 나란히 앉아있는 두 분이 예사롭지 않다. 차분하게 고개를 끄덕이며 대화를 나누는 노부부의 모습이 참 편안하다. 백발에 단정한 옷매무새가 그 젊은 시절의 경력과 인격을 얼핏 가늠케 해준다. 잔잔한 미소를 잃지 않고 순서를 기다리는 여유로움에 파문이 인다. 대부분 노인네는 몇 번씩은 진찰을 다녀가신 듯, 간호사와 가볍게 인사도 나누고 눈웃음을 보낸다. 어떤 할머니는 검은 보따리에 과일일랑 음료수도 사들고 와서 서로 권하기도 한다. 그들은 지병이 완치되리라는 기대보다는 지금 고통을 조금 멎게 하여 조용히 여생을 보냈으면 하는 바람인 듯하다. 치료를 받고 나가는 분들의 표정이야 한결 좋아졌지만, 이제 막 오신 분들의 시름은 그득해 보인다. 무정한 세월이 야속하다.

양 무릎을 진찰한 의사는 과욕을 부린 탓이란다. 등산도 안 좋으니 당분간 중지하고 끈기를 갖고 치료를 해보잔다. 방학을 맞는 학생처럼 후련하면서도 한편으론 과제를 한 아름 떠안아 썩 개운치는 않다. 노부부도 바로 옆 침상에서 주사를 맞으며 진지한 표정이다. 활처럼 휘어진 다리를 보고 살아온 세파의 흔적이 만만치 않음을 느끼게 한다. 물리치료까지 받고 나오는 표정이 꾸꾸하다. 그러면서 두루 감사의 표시도 잊지 않았다. 신발장에서 구두를 찾는 데도 오랜 시간이 걸렸다. 승강기를 세워 탑승할 동안 기다려주었다. 고마움에 몸 둘 바를 모르신다. 남에게 짐이 되는 것이 그렇게 부담스러웠던가 보다.

주어진 삶을 거스르지 않고 참 곱게 사시는 분이다. 그런 생각이 문밖을 나서도 쉬이 떠나질 않는다. 그들에게 욕심 보따리는 아예 없는 듯했다. 두 손을 꼭 잡고 계단을 내려가서는 건널목 쪽으로 아주 조심스럽게 걸어갔다. 힘은 움직임의 실체로서 건재하다는 뜻이 아닐까? 필요한 곳에 적절히 사용해야 그 효력이 더한다고 한다. 비록 노부부는 바깥의 힘은 나약해 보이나 내면에는 싱싱한 생명의 힘이 넘쳐흐르고 있음을 분명히 목격했다.

나는 신호등을 건너는 그들을 향해 '어르신네 파이팅입니다.' 하고 속으로 외쳤다.

4.

덩덩 쿵따쿵

내 인생도 '덩덩 쿵따쿵'이다. 그것은 무리하지 않고 기꺼이 살라는 구호다. 태평성대를 알리는 덩덩 큰소리, 방앗간에 곡식을 빻듯, 건설의 현장에서 그리고 우리들의 심장이 쿵쿵 뛴다. 그 생동과 박진감을 어디다 비기랴.

촛불

오늘은 왠지 촛불이 그립다. 방이 춥다거나 그리 축복 받을 일도 없지만, 그렇다고 누구를 위해 절실히 기도하여야 할 연유도 없다. 그냥 텅 빈 책상 위에 촛불 하나 켜두고 싶다. 촛불을 보고 있노라면, 내 가슴은 그리움의 눈물로 채워졌다. 괜한 심술이 발동하여 '후우' 입술 바람을 내어본다.

촛불이 켜진 공간은 언제나 마음의 안식처였다. 바람결에 세숫대야, 양동이 부딪치는 소리에 잠을 깨거나 모진 꿈을 꾸었을 때, 내 구석진 방의 촛불은 등대가 되었고 어머니가 되어 주었다. 그리운 것이 있어 잠 못 이루고 뒤척이는 날도 그랬다. 따뜻한 이불 밑에서 듣는 라디오 심야방송, 〈별이 빛나는 밤에〉 프로의 음악 편지를 들으며 드넓은 세상을 꿈꾸었다. 우수에 젖은 듯하며 부드럽고 촉촉했던 여자 아나운서의 목소리가 찡하게 가슴을 흔들었다. 이상향을 그리는 행복한 시간이기도 했다.

눈 내리는 날 밤, 강 건너 외딴 초가에서 폴폴거리며 타는 그

정겨움을 나는 잊지 못한다. 어머니는 바느질을 하고 아이는 책을 읽는 모습이 이마를 맞댄 채 실루엣으로 떠오른다. 전기 없는 곳에서 촛불은 위력을 발휘한다. 넉넉지 못한 살림에 꼬박꼬박 전기요금 내는 것이 힘들어, 밤 아홉 시만 되면 "얘야, 불 끄고 자라, 그만." 하는 부모님의 말씀이 귓전을 맴돈다. 어느 소설가의 순정소설을 가슴 태우며 읽었고, 이름 모를 소녀에게 사색의 글도 써 보내곤 했다. 어머니가 목 아래까지 '쑤욱' 올려주는 두툼한 목화솜 이불, 가슴을 토닥거려주는 깊은 사랑이 그립다.

"무릎 베고 누워 봐라, 움직이면 따갑다."

아버지께서는 아들의 머리에 부스럼이 나면 촛농을 떨어뜨려 주셨는데, 그것은 특효약이었다. 불덩이 같은 촛농이 뒷덜미에 닿을 때면 초도 나도 눈물을 흘려야 했다. 알고 보니 옛날엔 그 병으로 죽을 수도 있다는 '종창'이라는 무서운 피부 질환인데, 그 치료법은 신통할 정도였다. 그 후로 초는 생활의 필수품으로 확실히 자리를 잡았다. 껌이 부족했던 시절, 순진하게도 양초를 오래 씹으면 껌이 된다는 말에 솔깃하여, 싱겁기 짝이 없는 초를 입이 아프도록 질겅질겅 씹던 일을 생각하면 지금도 웃음이 난다.

암울한 일제강점기 때, 시인 신석정은 "어머니, 아직 촛불을 켤 때가 아닙니다."라고 애절하게 노래 불렀다. 시대적 울분을 촛불로 나타냈던 것이다. 요즘 공원이나 주요거리에서 종이컵 속에 초를 넣고 불을 밝히는 작업이, 뜻깊은 추모행사로 승화되어 간혹 열리고 있다. 비록 수만 명이 자의적으로 운집한 행사일망정, 어떤 약자들의 애환이 깊게 배여 있는 듯, 이 시대의 유산이라 생각할 때 가슴 아픈 일이다.

행위에 따라 촛불향연은 시위도 되고 잔치도 된다. 촛불시위는 어느 단체의 집단적인 침묵의 의사 표시요, 나아가 항의로 이어지는 의미로 점차 변해 가고 있다. 나는 애환보다는 기쁨, 침묵보다는 열정, 항의보다는 타협과 축복이 따르는 촛불잔치가 훨씬 더 성스러울 것이라고 생각해 본다. 결혼식에서의 촛불은 신혼부부 앞날의 축복을 위함이고, 제사 때의 촛불은 조상을 모셔온다는 환생의 불빛, 생일날 케이크 위에 켜는 것은 탄생을 축하하는 뜻이 담겨 있다.

문명이 발달하면 할수록 인간들은 점차 소외되고, 점점 심적 나약함을 드러내었다. 아이 못 낳은 며느리가 칠성각을 찾아 지극 정성으로 백일기도를 드리는 일, 어머니가 자식의 대학입시 합격을 위해 저려오는 고통을 참으며 삼천 배를 올리는 일, 새 차를 구입하고 무사고를 기원하며 고사告祀를 지내는 일이 다 그렇다. 힘들 때 무언가에 의지할 수밖에 없는 것이 우리 인간 아니던가? 촛불을 비록, 샛바람에 팔랑거릴지언정 약한 모습으로 쉽게 쓰러지지 않고 잘 꺼지지 않는다. 바위틈에 자라는 야생초보다도 끈질긴 생명, 강한 힘을 발사하는 만사형통의 비밀을 가졌다.

한 가닥 불빛 속에 아집과 묵은 상념들을 태우려 애써본다. 눈의 초점을 불빛 중앙에 맞추고 미명의 유령들을 하나씩 꺼내 정점을 향해 쏜다. 파르르 촛불이 떨고 있다. 주인을 알아보는지 휘청거리며 한껏 봉오리를 부풀리고 화답한다.

촛불은 우리들의 삶을 승화시키는 촉매역할을 한다. 비록 자기가 일 회로 끝나는 유한적 삶일지라도 인생 낙오자들에게는 희망이 되고, 남에게 고통을 주는 위선자들에게 사랑을 가르치는 하나의 밀알이 된다. 늘 곧게 서서 미래를 지향하고 새로운 희망을 정열을 불태운다. 스스로 역할을 다하면 조용히 눈을 감고 깨끗이 사라질 줄을 안다. 자신이 죽을 때가 언제인지도 모르지만, 부여된 삶을 열심히 살라는 교훈을 남기고 간다.

안전선에서 한 발 뒤

이사 후 첫 출근, 허겁지겁 버스 정류소에 도착한다. 전광판의 배차시간표를 보니 방금 버스가 떠났다. 십여 분을 또 기다려야한다. 삼십 분을 당겨 나와도 이러니 앞으로 출근 문제가 간단하지 않다. 언뜻 살피니 오십 줄의 내 나이가 가장 많아 보인다. "저 나이에 여태 버스나 타고 다니다니 그동안 뭘 했을까?" 꼭 흉을 보는가 싶다. 모퉁이를 돌아 용감히 다음 버스가 온다. 역시 빈자리는 보이지 않는다. 탈까 말까 망설였다. 그냥 보낸다고 해도 다음 차에 앉아 간다는 보장도 없다. 그렇다고 버스 손잡이에 의지해 한 시간을 지탱한다는 것도 무리다.

무조건 버스를 탔다. 한 오 분이나 지났나, 하마 온몸이 들쑤신다. 수시로 둘러봐도 빈자리가 내게까지 오기는 어려워 보인다. 설령 어디 자리가 있다 한들, 중년 아줌마도 아니고 염치불구 달려가 앉는다는 것도 좋지 않은 모양새다. 오늘따라 운전기사도 더 난폭운전을 하는 것 같다. 슬슬 부아가 난다. 차내에서

학생의 장난기와 잡담 소리가 귀에 거슬린다. 뭐라 나무라고 싶지만 선뜻 용기도 없다. 다른 승객들도 창가를 멍하니 보거나 휴대전화를 토닥이며 아무런 감정이 없다.

난 경쟁을 참 싫어하는 편에 속한다. 시합이니 승부니 단어부터 이질감이 든다. 출퇴근 시 거리가 멀다는 것을 이사 올 때 고려하지 않은 것은 아니다. 막상 현실에 부닥치고 보니 고민이 아닐 수 없다. 여긴 대단위 아파트 단지인데 그중에 젊은 층이 대부분이다. 당연히 그들과 경쟁 아닌 경쟁을 피할 수 없게 됐다. 그렇다고 옛날 '인간 5대 덕목'을 따질 때도 아니고 내 갈 길 바쁜 세상이 되고 말았다. 손해를 봐서는 안 된다는 압박감, 그런 환경에서 살아가기에 점차 이기적으로 변해간다. 자리를 양보받기란 가뭄에 콩 나듯 어려운 실정이다.

오늘따라 신호등은 왜 이리 자주 걸리고 차는 또 많이 막히는지. 종점에서 두 코스를 지났을 뿐인데 만원으로 오는 버스, 어떻게 매일 이 일을 겪어야 하나. 촘촘한 건물만큼이나 마음도 답답해진다. 그렇다고 승용차를 타고 다니는 건 생각도 못한다. 도심에 주차장이 부족한 터라 괜히 가지고 갔다가는 고생할 게 뻔하다. 하긴 내려서 좀 걷긴 하지만 교통수단으로는 지하철이 가장 적합하다는 생각이다. 이참에 운동도 할 겸 분위기를 바꾸어보자. 끌려다니지 말고 그 속으로 들어가 주도해 나가면 되는 것이다. 그래 급할수록 돌아가자.

이튿날 지하철 입구에 들어섰다. 일찍부터 김밥, 햄버거를 파는 아르바이트생의 외침이 활기차다. 지하 광장에는 쉼 없이 에스컬레이터 오르내리는 소리, '삑삑' 승차권 체크 소리, 콘크리트 바닥 위에 바쁜 걸음 소리 등 요란스러우면서 한편 신기하기도 하다. 문득 내가 살아가는 방식이 이 틀을 완전히 벗어나기는 쉽지 않을 거라는 생각이 든다. 이것도 일종의 문화인 셈이다. 열차가 정거장에 서자, 어른 아이 없이 민첩한 동작으로 제자리를 찾는다. 너무 안일했던가, 두리번대 봐도 내게 좌석은 돌아오지 않았다. 당연한 결과에 그만 고개를 떨어트린다.

출근 둘째 날도 그렇게 힘든 날이 되고 말았다. 내일은 어찌됐든 앉아 가야 한다. 그래 몇 분 더 일찍 가서 줄을 서보자. 젊은이들과 당당히 어깨를 견주어서 이겨야 겨우 한 자리 차지할 수가 있을 것이다. 이건 냉엄한 현실이다. 아, 그런데 셋째 날도 내게 허여된 자리는 없구나. 어느 쪽을 갈까 망설이다 그만 이것저것 다 놓치고 말았다. 닭 쫓던 개 지붕 쳐다보는 격이다. 앉아 있는 사람이 그토록 부러울 수가 없다. 승리자의 모습은 저리 여유가 넘치는데, 패자인 나의 꼴은 영 말이 아니다. 한 번도 아니고 이건 참패다. 사회에 첫 진출을 해서 고된 경험을 하는 기분과 다를 바 없다.

'그래 좋다, 해보자.' 오기가 난다. 그 다음날, 가방을 불끈 쥐고 다리를 곧추세웠다. 부릅뜬 눈으로 일단 두 번째 칸 맨 앞자리를 차지하는 데 성공했다. 당연히 승차 일 순위다. 불과 종점에서 두 번째 역인데도 이리 복잡하다. 두어 명이 나를 따라 뒷줄에 버티고 섰다. 안정권이다. 아직 열차가 도착하려면 이 분 남았다. 양쪽 계단에서는 계속해서 사람이 밀려온다. 공연히 내 쪽으로 다 모이는 것 같은 불안감이 든다. 다들 임전무퇴의 정신으로 임할 것이다. 난 절대 꺾이지 않으리라.

안내방송이 나온다. 잠시 후 열차가 도착하니 안전선에서 한 발 뒤로 물러서란다. 어두운 터널 저쪽 허리쯤에 쌍불을 켠 전철이 스르르 밀려온다. 바짝 긴장한다. 그렇지. 멈추기만 하면 얼른 저기쯤 자리를 잡아야지. 무계획으로 덤비다간 백전백패할 것이 뻔하다. 다른 곳을 살필 틈 없이 오로지 목표를 향해 돌진, 돌진하는 것이다. 아! 간발의 차이였다. 앉았다. 책 두 권 넓이의 빈자리에 겨우 엉덩이를 걸치는 데 성공했다. 해냈다. 편히 갈 수 있게 됐다. 슬그머니 눈을 감는다. 안도감이 전신에 흐른다. 이제 부러울 게 없다.

그동안 참 수월하게 살아왔고 그런 환경에 오래 길들여져 있었다. 안도와 무기력에 빠졌던 그 틀을 벗어나야 할 때이다. 선택이 아니라 필수가 되었다. 어찌 보면 새로 일어설 수 있는 계기다. 이 동네는 모든 것이 젊다. 과감히 벗어던져 기운을 다잡아 보는 거다.

저마다의 색깔로 단장하며 열심히 살아가는 모습이 주변 꽃들과 잘 어울린다. 만약 내게 주어진 게 아무것도 없이 허공에 떠돈다고 생각하면 얼마나 각박해질까. 이렇게나마 서로 어깨를 견줄 수 있다는 건, 나의 존재가 건실하다는 뜻이다. 건널목 신호가 파란불로 바뀐다. 비를 맞고선 차들이 꽁무니를 물고 '으르렁' 대고 있다. 양쪽에서 우르르 사람들이 쏟아진다. 나도 주춤 떠밀려간다.

두 직업

퇴근 무렵, 다급하게 전화가 걸려왔다. 매서운 바람이 부는 한겨울 첫 발령지 동사무소에서였다. 여인숙에 기거하는 한 독신남인데 며칠째 거동이 없으니 아무래도 죽은 것 같단다. 허둥지둥 달려갔다. 허름하고 좁은 방문을 열자 악취가 진동했다. 술병이 여러 개 나 동그라져 있고, 누워서 대소변을 봤던지 이불 속은 가관이었다. 구급차가 오는 동안 몸을 닦아주며 기척을 살폈다. 옅은 숨을 내쉬었다.

결국, 그는 병원에서 하루가 지나서야 깨어났다. 알코올 중독자였다. 그리고 퇴원을 후 매달 지급되는 구호금으로 잘 적응해 나가는 듯 보였다. 난생처음 내가 사람을 살려냈다는 것에 뿌듯했다. 그는 동네에서 만나면 수줍어하기도 했다. '맞아, 이게 내가 할 일이지.' 적성을 제대로 찾았다는 자긍심이 들었다. 주민에 대한 봉사를 생명으로 하는 공무원 아니던가? 평소 하고 싶었던 일을 하게 된 것이다. 그 일은 한동안 잊고 지냈다.

그러던 이듬해 봄날, 그가 공원 앞에서 시신으로 발견되었다는 소식을 전해 들었다. 멍해지고 말았다. 술에만 의지한 채 떠돌이 생활을 쉽게 벗어나지 못한 탓일 게다. 공무원을 시작한 후 얼마 안 되어 겪은 나의 첫 보람과 시련인 셈이었다.

그러구러 올해로서 공무원으로 근무한 지 스물여섯 해째이다. 작지만 집도 장만하고 아이들도 성장하여 남부럽지 않게 살고 있다. 선의의 어깨를 겨루며 세상사를 논하고, 문학을 즐기는 여유를 가지기도 한다. 하지만, 최근 들어 자주 회의감에 빠진다. '이게 전부가 아닐 텐데….' 현실과 타협한다는 것이 과연 옳은 일인가 싶다. 이쯤 해서 나의 한계로 단정 짓기에는 허망하다는 생각이 든다. 하루가 다르게 내 주변 여건은 나쁜 쪽으로만 가는 것 같아 그 불안감에 자신감을 잃기도 한다. 좋아서 택한 공무원 그간 힘든 순간도 많았다.

그럴 때마다 다독이며 용기를 심어준 버팀목이 있다. 지난날 어렵게 생활했던 날들이다. 중학교 때 아버지를 여의었다. 신장계통의 질병으로 지금 의료 수준이면 대단한 병도 아니었지만 결국 마흔 초반에 돌아가시고 말았다. 건강보험 혜택이 없던 때라 가진 집마저 처분하고 전셋집을 떠돌아다녀야 했다. 초등학교에 다니는 어린 두 동생, 네 명의 생계를 위해 어머니는 남의 집 일을 하며 애면글면 애썼다. 난 겨우 전문대학을 졸업하고 직장이라고 구한 것이 공장이었다. 임시 직장이기는 했다. 공장 경비실에 붙여진 '사원모집 초보자 환영'이라는 광고를 보고 무턱대고 취업을 한 것이다.

여간 힘든 일이 아니었다. 군대에 가면 고생을 한다는 말을 줄곧 들어오던 터라 입대 전에 신체도 단련할 겸 단순한 생각으로 뛰어들었다. 양잿물, 황산, 전기 등을 이용하여 알루미늄 그릇에 피막을 입히는 일이었다. 간혹 점심때나 쉬는 시간에 말끔하게 차려입은 사무실 직원들을 대할 적엔 자신이 너무도 초라해 보였다. 그들은 열악한 현장에서 일하는 우리와는 딴 세상 사람처럼 보였다. 감히 눈도 마주치지 못했다. 직업에 귀천이 없다고 했건만, 아니었다.

공장 일은 일주일씩 주 · 야간 교대였다. 추운 날 새벽이면 속이 쓰려 따뜻한 보일러 통에 배를 붙이고 고통을 참아냈다. 양잿물이 발가락에 닿아 살갗이 파여 나갈 때도 있었다. 전기 스파커로 한동안 정신을 잃을 때는 당장에라도 집어치우고 싶었다. 밤새도록 일을 하고 나면 아침엔 머리카락, 눈썹이 새하얘지고 코밑에 흰 줄이 생길 지경이니 그 약품을 밤새 마신 속은 얼마나 지독했을까. 실적 위주여서 감독의 눈초리가 혹독했다. 그래도 박봉이었지만 퇴근하여 대폿집에서 돼지껍질 안주에 막걸리 한 사발 들이켜며 무딘 속을 씻어내는 것으로 낙을 삼곤 했다.

눈비가 오는 날의 야간근무는 정말 사는 게 무엇인지 비참한 신세를 한탄하지 않을 수 없었다. 죽기보다 싫다는 말이 떠오르곤 했다. 자신과의 싸움은 그렇게 통절하게 이어졌다. 삼 년 후, 군을 제대하고 보니 집안 사정은 조금도 나아진 것이 없었다. 장성한 아들이 세 명이나 되었지만 옳은 직장도 없이 빈천하게 사는 것이 부끄러운 일이었다. '다시 그 공장을 한번 찾아가 볼까?' 고민했다. '내 주제에 공장이면 어때. 나보다 훨씬 잘생기고 똑똑한 사람도 수십 년간 그 일을 하던데.' 나는 다급했다. '아니야, 공부를 해야지. 결심한 것이 있었잖아.' 군대에 갔다 온 후 정신무장이라면 못할 게 없었다.

"오빠, 합격이란다. 합격"

시골 외가 채소밭에 거름을 주다가 들은 낭보였다. 꼭두새벽에 도망치듯 집을 빠져나가 밤늦게까지 공부를 한 덕분이었다. 그간 마음고생 해 온 일을 생각하니 눈물이 핑 돌았다. 공무원 시험을 통과할 수 있을지 얼마나 반신반의했던가. 절박한 상황에서 얻어낸 결과여서 내겐 더욱 값진 것이었다.

요즘도 우울하고 어려움에 부닥칠 때 그 공장이 있었던 곳을 찾아가 보곤 한다. 퀴퀴한 냄새, 알루미늄 부딪히는 소리, 먼지뿐인 공장 내부가 아스라이 떠오른다. 이제 그 공장은 헐리고 없다. 단층의 슬레이트 공장 대신 고층의 콘크리트 아파트와 상가가 들어섰다. 굴뚝엔 산업이라는 명목의 흔적이 하늘을 검게 오염시키는 대신 하얀 연기가 소리 없이 흩날리고 있었다. 이제는 약품 묻은 뻣뻣한 작업복을 입지 않아도 된다. 교도소처럼 길게 늘어선 차디찬 담벼락도, 매서운 검열반의 눈총도 없다.

내 삶에 그 옛날 값진 노동의 대가가 없었더라면, 순수하고 꾸밈없던 그 시간이 생활이 없었더라면 지금 이 안정된 삶도 누릴 수 없으리라. 비록 현장에서 힘든 노동을 해가며 어렵게 살아가는 사람들일지라도 꿈이 있고 낭만이 있었다. 생에 대한 애착이 강했다. 그 선량한 눈망울이 그립다. 어느덧 흰머리, 주름진 얼굴에 검붉은 저승꽃 몇 개씩은 다 피었겠지. 그들과 만나 힘들었던 이야기, 한때 산업역군으로서 가졌던 보람들을 막걸리잔 부딪치며 밤새 나누고 싶다.

덩덩 쿵따쿵

얼마 전까지만 해도 그랬다. 장고가 시대에도 맞지 않을 뿐 아니라 따분하고 느려터진 악기로만 알았다. 암만 들어도 그 음이 그 음 같고, 별 감흥이 일지 않았던 것이다. 그저 노인들이나 둘러앉아 심심풀이로 즐기는 것인 줄 알았다. 요즘 아무리 신토불이요, 우리 게 좋다 한들 젊은 사람들이 눈여겨볼 품목은 안 되어 보였다. 그러던 내가 홀연 장고를 잡았다.

지난봄, 산벚꽃 흩날리는 오후였다. 공원 한쪽에서 중년 남녀 십여 명이 틀 이뤄 농악 연주에 심취해 있었다. 사물놀이였다. 단순한 리듬 같았지만, 동작이나 표정이 각양이고 때 묻지 않아 '참 인간적인 음악이구나.' 생각했다. 초목들도 구경꾼도 덩달아 넘실대고 있었다. 또 다른 쪽에서는 꽹과리와 북을 가지고 둘이서 주고받는 게 신명이 나 모두 넋을 잃은 듯 한동안 자리를 뜰 줄 몰랐다. 현대음악의 요란스럽고 화려함보다 단 몇 명이 어울려도 저렇게 흥겨운 마당이 된다는 것이 더 값져 보였다.

막상 시작하려니 선뜻 용기가 나지 않았다. 그러던 차에 직장에서 기회를 얻었다. 장고 소리가 생각보다 율동적이면서 경쾌하여 수업 첫날부터 들떴다. 누가 뭐랄 것도 없이 근무 후 강의실에 먼저 도착하는 사람이 자리를 펴고 사물을 꺼내 놓는다. 느지막이 배움의 길에 나선 듯 대부분 나이가 많은 편인데 차가운 바닥에서 '투다닥' 대는 소리는 비록 둔탁할지언정 조금도 어색하지가 않다. 그 열기가 사뭇 뜨겁다. 당장 장고와 꽹과리부터 샀다. 새로운 재밋거리 하나를 얻게 되었으니 귀갓길 지하철 안에서도 마음이 부풀어 오른다.

'덩덩 쿵따쿵'은 장고의 기본음으로서 자주 나왔다. 선생님은 사물놀이에서 장고를 칠 줄 모르면 아무것도 안 된다며 다잡는다. 열채 움직이는 것 하나만 봐도 그 수준을 아노라고 하신다. 틀린 부분은 그냥 넘어가지 않고 여지없이 처음부터 다시 시작한다. 늘 고운 한복에다 채만 잡으면 힘이 펄펄 솟아나는 여선생님은 벌써 칠순이 넘으셨단다. 그런 열정과 끈기를 가진 후학들이 흔치 않아 안타까울 따름이다. 한 치 흐트러짐 없는 용태는 그간의 이력을 말해주고도 남는다. 절 마당같이 잘 닦여진 인품, 곁든 미소에서 삶의 깊이를 본다. 그런 분이 계시기에 우리 가락이 여태 살아 숨 쉬는 게 아닐까.

그런데 정간보는 동그라미와 작대기를 각양으로 표시해 놓아

'구렁이 담 넘어가 듯' 하는 걸 쉬이 내버려 두지 않았다. 금방 쳤던 가락이 얼마 안 가 또 나오고, 같은 음을 네 번 칠 때도 있고 여덟 번을 치기도 한다. 세게 약하게 또 느리고 빠르고를 조절하는 게 중요했다. '하늘 보고 별을 따고, 땅을 보고 농사짓고 …….' 합창을 할 때는 힘이 백배로 솟는다. 평소 저게 무슨 소리인가 했는데 바로 그 소리라니, 그것은 사물놀이의 진수였다. 대단한 것을 발견한 양 나는 이것만 알아도 이제 성공이다 싶었다. '둥둥' 북을 치는 순간 모든 잡념이 사라진다. 어떨 때는 북을 머리 위로 쳐들고 스무 번 이상을 쳐야 하는데 얼굴은 붉으락푸르락하고 팔도 아프지만 마음은 북잡이가 다 되어간다.

사물은 가족 놀이기도 했다. 북은 할아버지 역할로서 각자 갈 길을 알려 준다. 장고는 갖은 애교로 모든 사람을 즐겁게 해 주는 자식, 꽹과리는 솔선하여 이끄는 지휘자로서 아버지 역할이며 징은 세 소리를 포근히 감싸 안은 어머니의 역할이다. 천지의 조화를 엮어 인간에게 감동을 주는 소리인 셈이다.

높이 쳐드는 손동작이며 고개를 좌우로 까닥이는 그 유연함은 어디서 나오는가. 손이 좌우로 미끄러질 듯 움직이며 강약과 완급을 조절하는 생명의 소리, 그리고 연꽃처럼 맑고 뽀얀 미소는 보는 이를 무아지경으로 만든다. 어쩌다 몸이 편찮아 늦은 날엔 미안해하며 한사코 불고기를 사 주시던 선생님의 겸손과 사랑은 지극했다. 목이 붓고 열이 끓어도 막상 무대에 오르면 몸을 아끼지 않는 열정, 그런 굴침스런 정신에서 순수한 창작활동이 나오는가 보다. 언제 저런 소리와 흐름새가 내게도 나온다는 말인가. 꿈같은 얘기이리라. 그것은 천지개벽의 소리이기도 했다. 그런 선생님의 순수함도 닮고 싶다는 생각을 해본다.

옛 어른들의 훗훗한 인심과 마을끼리 단합된 힘은 바로 농악이 아니었을는지. 장구잡이 혼자서 연주하던 가락을 편곡해서 네 사람이 하는 것을 설장고라고 했다. 사물놀이를 하기 전에 설장고가 숙달되어야 한다. 휘모리로 시작해서 숙바더듬이, 오방진, 덧배기, 후두룩으로 이어진다. 자세가 정확해야 바른 소리를 낼 수 있다. 몸이 조화로이 움직여야 하고 호흡을 잘 맞춰야 한다. 장고놀이가 한창 빠를 때는 노도가 일듯 한다. 또 우렁차게 소낙비가 퍼붓다가 천둥이 몇 차례 치고, 잔잔한 연못가에 돌을 던져 파문이 일게도 한다. 때로는 고양이 발걸음같이 나긋나긋해질 필요가 있다.

차츰 그 가락에 취해간다. 깊은 산골이나 심천 계곡, 바위에 걸터앉아 있는 나를 그려본다. 꿈이어도 좋다. 그곳에서 멋들어진 가락 한번 내보고 싶다. 채를 잡아 '덩' 하고 울린 다음 팔을 하늘 높이 올렸다가 다시 휘감기도 하고, 공중으로 툭 찔러 시공을 초월한 기분을 느껴 볼 테다. 그런 다음 살랑살랑 고개의 유희를 가미하면서 옥돌이 구르게 한 다음 '얼쑤, 흐이, 워' 하며 추임새도 넣어 분위기를 한껏 돋우리라. '후두룩'이 끝날 무렵엔 귀 기울여 물소리 바람 소리와 견주어 천연의 조화를 누려 봐야겠다. 마친 뒤, 삭은 김칫국물을 마시는 것처럼 상큼한 여흥을 내 어이 잊을쏜가.

내 인생도 '덩덩 쿵따쿵'이다. 그것은 무리하지 않고 기꺼이 살라는 구호다. 태평성대를 알리는 덩덩 큰소리, 방앗간에 곡식을 빻듯, 건설의 현장에서 그리고 우리들의 심장이 쿵쿵 뛴다. 그 생동과 박진감을 어디다 비기랴. 백마를 타고 광야를 달리듯 후련하다. 역사 옆으로 막 열차 한 대가 기운차게 달린다.

열차는 사랑을 나르고, 나는 장고가락을 타고 있다.

가방

학교 다닐 때는 가방이 필수품이었다. 나와 동격처럼 느껴졌다. 그날 공부할 책이며 도시락이 들어 있어 거의 하루를 같이 보내기 때문이다. 아침에 서두르다가 혹시 빠트리게 되면 어김없이 어머니는 담장 넘어 보내주곤 했다. 가방에는 준비물이랑 숙제로 늘 넘쳐났다. 채변한 비닐봉지도 있고 전날 잡은 쥐꼬리도 한쪽에 들어 있었다. 때론 옆 친구에게 줄 예쁜 카드도 책장 속에 끼워 놓는다. 선생님은 가끔 가방 검사를 하기도 했다. 그 시간은 군대에서 받는 점호처럼 긴장되는 순간이었다. 학생으로서 있을 게 없어서는 안 되고, 없을 게 있어서도 안 된다. 그만큼 가방은 소중한 것이었다.

하지만 가방을 갖고 다니는 게 참 귀찮았다. 일부러 책을 적게 넣어가려고 농땡이를 쳤다. 그게 멋인 듯싶었다. 사실 "가방 크다고 공부 잘하느냐?"라는 말이 내 작은 머릿속을 지배할 때가 있었다. 얼른 생각하면 백번 맞는 말 같아 쉬이 수긍해 버린다.

그게 아니었다. 비록 가방 속은 적게 채울지언정 머릿속은 꽉 채워야 한다. 그러나 삼십 년이 지나도 별로 채워진 것 없이 이 모양이다. 학교 다닐 때 가방은 정말 무거웠다. 그 많은 교과서 참고서에다 노트, 필통 거기다 도시락은 점심, 저녁 두 끼를 싸 가야 했다. 가방 끈은 헐어서 너덜너덜 실로 꿰맨 흔적이 보였다. 반찬 물이 흘러 책은 누렇게 말라붙어 글씨가 잘 보이지도 않았다.

그러던 학생의 가방 무게가 이젠 훨씬 가벼워졌다. 한창 성장할 나이에 팔의 길이도 문제지만 키가 작아진다는 교과부의 뒤늦은 결정이리라. 학교 자체에 책장을 만들어 보관하니 간편해질 수밖에 없다. 그것도 어깨에 멜 수 있도록 만들어 나오니 훨씬 편리해진 것이다. 결과는 학생들의 신체조건이 크게 향상되어 예전의 우리로서는 그저 부러울 뿐이다. 대학생은 더 말할 것도 없다. 정말 잘된 일이다. 요즘 여성이야 가방을 필수적으로 가지고 다니며 멋을 부리기도 한다. 하나에 수백만 원까지 한다는 말도 있으니 그걸 떠나 부의 상징이며 패션의 한 부분으로 인식함이 옳은 듯싶다. 문제는 남성들이다.

그래서 나는 가방을 고수한다. 직장생활에 한 십 년은 넘게 가지고 다닌다. 언젠가 육사 생도의 가방을 든 모습이 그렇게 방정히 보일 수가 없었다. 의젓하고 기품이 있는 자세에 과연 저 각진 가방 속에 뭐가 들었을까 궁금하기도 했다. 그 후 나도 당장 실천하기로 마음을 먹었다. 처음엔 넣고 다닐 게 없어 달랑 책 한권뿐 이었다. 그러다 점점 늘어나 못다 처리한 일거리에다 버리기도 가지고 다니기도 아리송한 내용물이 가득하다. 그중에 상비약품이 많다. 소화제는 기본이며 안경에다 연고며 안약이 들어 있다. 거기다가 허리가 자주 삐끗해 파스도 꼭 챙겨야 한다.

누가 가방을 가지고 다니니 귀찮지 않느냐?며 물을 때가 잦다. 뭐 그리 대단 한 것도 없을 것 같은데 좀 특별하게 튀어 보이지 말라는 뜻이 아니겠는가. 그만두라는 은근한 압박이기도 하다. 가방을 가지고 사람들이 적으니 당연히 이상하게 보일 수밖에 없다. 또 일부 직원은 모양새가 교수 같다느니 훨씬 젊어 보인다니, 오늘은 어디 공부하러 가느냐며 농담 반 진담 반으로 건네 온다. 듣기 싫은 말은 아니다. 어차피 그런 이미지를 고수하자면 이젠 가방을 놓지 못하고 계속 지니고 다녀야 할 판이다.

얼마 전 직장에서 직무 개선 아이디어를 내라는 공모가 있었다. 나는 공무원도 가방을 가지고 다니면 어떻겠냐며 의견을 냈다. 뭔가 정보가 가득 들어있을 듯한 가방, 할 일을 찾아 몰두하는 그런 바쁜 모습을 보이자는 취지였다. 하지만 그 안은 마지막에 탈락하고 말았다. 아직 현실이 쉽게 받아 줄 준비가 안 된 모양이다. 쓸데없는 부역쯤으로 인식된 건 아닌지 모를 일이다. 한 언론에서 공무원이 유일하게 가방을 가지고 다니지 않는, 도시락 안 챙기고 노력도 안 하면서 몸 하나에 의지하고 다니며 먹고 사는 집단이라고 비아냥댔다. 그걸 반성하며 받아들일 만도 하건만 오히려 당연시해서 우월감 정도로 해소해 간다면 문제는 심각해진다.

한 몸 지탱하기도 힘든데 큰 가방이 귀찮아질 때가 있다. 그날 날씨에 좌우되기도 한다. 어떤 날은 한 번도 열지 않을 수도 있는 저 가방, 고집스레 들고 다닌다는 것이 힘들기 때문이다. 한 번씩 집에 두고 출근을 하지만 그런 날은 정말 뭘 중요한 걸 빠트린 것 같아 불안해진다. 꼭 안 가지고 간 날 일이 터진다. 입술이 바짝바짝 마르기도 하고, 눈도 침침하고 허리도 아파온다. 이제부터는 내용물을 줄이고 내 이력이 깃든 소중한 물건으로 남았으면 하는 바람이다.

최근엔 소지품도 자꾸 늘어난다. 팔이 아프도록 꽉 차 대문을 나설 때도 있다. 그러고 보니 학창 시절 때는 가방이 무겁다가 점점 얇아진 청년시절을 거쳐 중장년에 이르러 다시 원래대로 많아지는 것이 어쩌면 우리 인생의 순리인지도 모른다. 늙은이가 되면 무언가 자꾸 길어지고 늘어난다고들 한다. 버릴 게 없다는 것이 고민이다. 아무리 버린다고 버려봐야 얼마 안 가면 다시 또 본래대로 와 있다.

될 수 있는 한 나는 이 가방 들기를 지켜갈 생각이다. “그 가방 좀 치워라”는 말에 난 “이게 나의 전부랍니다.”는 답례로 챙겨 가리라. 검정색의 이 가방, 방 한쪽에서 묵묵히 있는 것 하며 사무실까지 따라다니며 한 몸 잘 지켜준다 것에 안도한다. 품고 다닐 것이 많다는 것은 그만큼 활달한 사회생활을 하고 있다는 징표가 아닐까? 가방을 들고 다닐 수 있는 의지와 힘이 있어 안심이다. 직장이 있고 늦도록 공부를 하러 갈 곳이 있어 더 행복하다. 그걸 알고 즐기는 것 또한 벅찬 일인 것을.

별난 취미

동촌 금호강가에 가려는 참이다. 길을 걸으며 이것저것 보기를 좋아한다. 두리번대는 게 참 재미있다. 특히 사람 살피는 것이 그렇다. 하나하나의 행동이나 모습을 보면서 참 많은 걸 떠올린다. 그러면서 내 부족한 것을 채우게 되고, 어떤 동작에 어떤 생각까지 하는가를 분석해 보는 취미까지 더한다. 종국에는 저 집은 '장사가 잘되겠구나, 안 되겠구나.' 나름대로 판단해 보기도 한다.

집 앞엔 도로 공사가 한창이다. 건물을 철거하느라 오랜 시간이 걸린다. 대부분 이주하였는데 아직까지 안 하고 버티는 사람의 심정은 과연 어떨까, 헤아려 본다. 밤이면 텅 빈 유령 집 같은 곳에서, 과연 마음이 편할까? 반면에 뙤약볕에서 일하는 사람들의 모습은 언제 봐도 믿음직스럽다. 남이 힘들어하고 기피하는 노동 아니던가. 길이 넓혀지고 주변 건물이 올라가고 차가 씽씽 달리는 날을 그리며 난 수차례 그 길을 지나다닌다. 어서 그 결과를 보고 싶어 안달이 난다.

신호등을 건넌다. 교량 위에 들어서면 강바람이 전신을 감싼다. 한더위의 열기를 한꺼번에 날려 보낸다. 강변은 밤이고 낮이고 그대로의 특색이 있다. 그중에서 해 질 무렵, 서산에 기우는 해를 보며 생각에 잠기길 좋아한다. 저렇게 아름다울 수가, 어쩜 나는 여기를 영원히 떠나지 못하리라는 생각이 들기도 한다. 온갖 빛들이 검붉게 타오르면서 하루를 마감하는 현장, 그 장엄한 모습에서 내일을 또 기약하다니 행복하기까지 하다. 그 아래에서 천연스레 낚싯대를 기울이며 삼매에 젖어드는 강태공을 보라. 인생 본보기의 한 장면을 늘어놓은 것 같다.

강둑 체육공원에 당도한다. 많은 사람들이 풀밭에 모여 앉아 담소를 나누거나 음식을 나눠 먹는다. 아이들을 중간에 앉혀놓고 온 가족이 즐거워하는 모습은 늘 봐도 아름답다. 굳게 입을 다물고 혼자만의 생각에 몰두하는 사람, 이어폰을 꽂고 음악을 듣는 사람, 동행자와 열심히 이야기를 나누는 사람, 연인 또는 부부끼리 다정하게 걸어가는 사람, 심각한 대화를 나누며 인상을 찡그리는 사람 등 천차만별이다. 맨발로 돌 위를 걷는 사람들의 표정은 더 힘들어 보인다. 애초에 인간을 똑같이 만들어 놓지 않은 탓이다.

노을 밑 잠자리 떼의 유영을 보면 신기하다. 무엇을 찾으며 저

토록 날아다니는지. 낮게 무리지어 이리저리 부딪치지도 않고 질서정연하다. 뭘 먹고 살까. 펄쩍 뛰는 물고기는 저들끼리 잔치를 벌이거나 아니면 저녁 운동을 하는지 모를 일이다. 그 장면을 왜가리가 멀찌감치 바라보고 있다. 참새 떼는 누가 쫓지도 않건만 저들끼리 이 나무 저 나무로 날아다니며 속절없이 지저귄다.

벤치에 누워 먼 하늘을 본다. 두둥실 달은 말이 없고, 구름 또한 그 주위를 빠르게 내달린다. 별을 찾다가 달과 대화를 나눈다. 아무런 답을 듣지 못하자 난 시선을 다른 곳으로 돌리고 만다. 움직이기조차 싫다. 문득 여기서 영원히 살고 싶은 생각이 들다가, 얼마 안 가서 또 현실의 벽과 맞부딪친다.

구름다리 아래에서 작은 공연이 열린다. 구경꾼들은 흥겨운 노래가 나오면 따라 부르거나 고개를 끄덕이며 즐거워한다. 나도 그 속에 들어가 자리를 잡는다. 저렇게 노래 부르며 남을 돕는 사람들은 참 행복할 것이라는 생각을 한다. 잠시 젊은 시절 향수에 젖어보는 기분도 상큼하다.

갑자기 시끄러운 소리가 들린다. 마음 깊은 곳에 숨어있던 짜증을 불러낸다. 그뿐인가 고기를 굽는다며 역한 연기와 냄새를 풍긴다. 땅을 울리는 소음을 내며 오토바이를 타는 사람도 있다. 참 양심불량이다. 쓰레기를 아무 곳에나 버리고, 동물의 분비물도 치우지 않는다. 저 사람들을 미워해야 하나, 불쌍하게 생각해야 하나. 하지 말라고 하면 말아야 하거늘, 괜히 속이 상한다.

밤이 꽤 깊었다. 구름다리의 불빛이 강물에 선명하다. 일어나기로 한다. 갈 때와는 달리 돌아올 땐 사람이 많은 곳으로 갈 참이다. 지하철이 방금 지나갔는지 한 무리의 사람이 계단을 올라온다. 이내 버스가 도착하니 또 '우르르' 몰려간다.

"고기는 연탄불에 구워야 제맛이다."며 그걸 고집하는 식당엔 그나마 손님이 좀 있는 편이다. 주변에 고기 타는 냄새가 진동을 하지만 싫지는 않다. 노점 상인들의 모습엔 늘 건강미가 넘친다. 장사가 잘되는지는 알 수 없지만 부지런히 옆 사람과 농담을 주고받거나 놓인 과일이나 채소를 자식 돌보듯 어루만진다.

시장으로 들어선다. 제법 큰 재래시장이라 물건이 풍족하다. 훈훈한 기운이 감돈다. 서로 경쟁하고 시기하는 곳이 아니라 더불어 살아가려는 다정함이 보인다. 온갖 냄새가 마치 음악 선율처럼 조화롭다. 비릿한 생선 냄새, 매콤한 떡볶이 냄새, 풋풋한 과일 냄새……. 하나라도 더 팔려고 애틋한 눈길을 보내는 아낙들의 파란 마음을 읽는다.

저 집 가게 주인은 적극성이 조금 부족하다던가, 물건 배치가 좀 잘못되었다던가, 위생이 좀 문제가 있다던가, 이런저런 생각에 젖는다. 그러다가 아, 느닷없이 발목을 접히고 말았다. 차량을 피하려다 길이 약간 파인 부분에서 그랬다. 주제넘게 많은 것을 관여하다가 그런 것이다. 주저앉아 엉엉 울 뻔했다. 겨우 정신을 차려본다. 한참을 주무르고서야 겨우 걸음을 내디딜 수 있었다.

전에도 툭하면 그랬다. 딴전을 피우거나 망상을 하면 바로 회답이 날아온다. 참 희한한 일이다. 삐딱하게 나가면 여지없이 꼬부라지게 되니, 정신이 번쩍 든다. 그 별난 취미는 아직도 계속되고 멈출 기미가 없다. 집에 가만히 있지를 못한다. 뭔가 나가야 일이 풀리고 내 사는 의미를 알게 된다. 나가면 온갖 것이 가슴에 들어차고 승화되고 정화되어 새롭게 꽃이 핀다.

문득 발목도 접히며 깨우쳐 살아가는 것도 괜찮겠다는 생각이 든다.

딱한 노릇

KTX 열차를 탔다. 말로만 듣던 초고속열차, 난생처음 타서 그런지 상당히 들떠 있었던가 보다. 불과 터널 몇 개소를 지나친 것 같은데 곧 목적지에 도착한다는 안내방송이 나온다. 그런데 문제가 생겼다. 잘 보관한다고 깊이 넣어둔 열차표가 어디 갔는지 오리무중이다. 네 명의 운임이 한 장에 다 계산되어 있는데 경황없이 승차하느라 앞뒤 정리가 잘되지 않는다. 일행은 이런 사정을 전혀 눈치채지 못하는 듯하다. 개찰구까지는 떠밀리어 가도 오 분이면 도착할 거리, 더는 피해 갈 곳도 없다. 지푸라기라도 잡는 심정으로 다시 더듬는 순간, 참 황당하였다. 기차표가 그곳에 있을 줄이야. 꺼내기 쉽도록 상의 보조 주머니에 넣어 둔 것을 까맣게 잊고 있었다.

요즘 들어 주의를 하지만 점차 그런 빈도가 높아만 간다. 의식적으로 챙긴다는 것이 더 화근이 되기도 한다. 특히 중요 행사 때 덤벙대다가 한두 가지씩 잊어버리곤 한다. 출근 때 찝찝해하면 꼭 뭔가 빠져있다. 버스를 타고 가다가도 헐레벌떡 집으로 되돌아가기를 여러 번 했었다. 식당에서 자주 외투를 벗어 놓고 오기도 하고 신발을 어디다 벗어두었는지 몰라 한참 서성일 때도 있다. 또래의 다른 사람도 그렇다면 스스로 조금이나마 위안은 되련만…….

지난날 입장권 때문에 가슴을 쓸어내렸던 일들이 있었다. 여름휴가 때였다. 모처럼 아내와 오붓하게 시간을 보내리라 떠난 여행이었다. '친환경 엑스포'인데 전국적인 대규모 행사였다. 관람을 하고 남는 시간엔 이곳저곳에 다니며 넘실대는 파도와 푸른 산야, 향토냄새 풍기는 풋풋한 삶의 현장을 마음껏 누려 보리라고 계획했다. 아내가 무슨 말이든지 걸어오면 "그래 잘했어." 하면서 다정스레 응대해 주리라고 마음먹었다. 정말이지 멋진 여행이 될 것 같은 예감이 절로 들었다.

하늘도 맑았고 흰 구름이 뒤를 따르며 마중길에 나섰다. 스치는 바람도 더없이 상쾌했다. 나의 차량도 긴 대열에 끼어 앞서거니 뒤서거니 의기가 당당해 보였다. 감미로운 경음악이 귓가에 번지고, 과일을 깎아 연신 입에 넣어주는 아내가 예쁘기까지 했다. 일박이일의 달콤한 여행인가 싶었다. 그런데 이를 어쩌랴, 입장권을 가져오지 않은 것이다. 경위를 들은 아내는 금세 표정이 굳어졌다. 고속도로에 오르고 한 시간은 지난 뒤였다. 진퇴

양난이었다.

나는 엑스포 관람은 포기하고 대신 그동안 못 가본 다른 명승지를 찾아보자고 했다. 그러자 아내는 입장권을 썩히면 그 돈은 아깝지 않으냐는 것이다. 당신은 늘 그런 식으로 세상을 산다며 사태가 확대일로에 들었다. 인간성 문제가 나오고 사고방식까지 들먹였다. 이러다간 여행이고 뭐고 아니 감만 못 할 형국으로 흘러갔다. 알량한 자존심을 삭여 가며 달랠 도리밖에 없었다. 그 시간이 또 그렇게 길 줄이야. 결국, 엑스포 관람은 포기하고 설악산 쪽으로 방향을 정해야 했다. 당초 계획에도 없는.

아, 그게 끝이라면 얼마나 좋을까? 직장에서 '광주 비엔날레' 관람을 가는데 인솔을 하게 되었다. 인원과 차량점검 등 장도에 오를 준비를 끝냈다. 책임자의 출발 신호가 떨어졌다. 카메라, 안내서, 식당연락처 그리고 안주머니가 두둑하여 오늘 경비까지 빈틈이 없는 듯했다. 그제야 안도감으로 잠시 의자에 머리를 기대고 쉬고 있었다. 바로 그때 옆자리에서 나누는 대화를 듣고 그만 혼비백산했다. 사십여 명의 입장권을 서랍에 고스란히 두고 떠나왔다. 출발 전날까지 다부지게 챙겼건만, 입이 열 개라도 할 말이 없게 되었다.

버스는 나들목을 지나 더욱 속도를 내고 있었다. 창가에 펼쳐지는 경치를 보며 모두 취해 있는 분위기였다. 책임자도 만면에 홍조를 띠고 하루 일정을 그리며 다소 들떠 있었다. '이 분위기를 어떻게 깨나. 그냥 계속 가버릴까. 가서 내 돈으로 물고 말까. 아니야, 자초지종을 얘기하고 다음에 보내 준다고 하지 뭐.' 만 가지 생각이 교차하는 정말 곤혹스런 순간이었다. 옆 직원이 눈치를 채고 물었다. 자초지종을 들은 그는 나보다 더 난감해 했다. 결국, 사무실에 연락을 하여 직원과 중간지점에서 만나 입장권을 건네받는 것으로 수습은 되었다. 하지만 일행들의 모진 눈총 속에서였다.

며칠 전, 아내는 내가 병뚜껑을 제대로 닫지 않아 방바닥에 사이다를 다 쏟았다고 역정을 내었다. 엎질러진 사이다가 아까운지 방바닥을 닦는 게 귀찮은 건지 정작 알 길은 없다. 사실 그게 지금 나한테는 조금도 중요하지가 않다. 집에서 화분이나 기름통을 나르다가 허리를 삐끗하는 경우가 간혹 있는가 하면 술자리를 끝낸 다음 날 몇 시에 집에 들어와 잠자리에 들었는지조차 모를 때도 있으니, 이제 분명히 점검을 해보아야 할 시점에 왔노라고 생각이 된다.

느즈러진 자세로 살아온 결과다. 변화무쌍한 세태에 적응하지 못한 탓이기도 하다. 앞으로 그런 일이 얼마나 더 일어날지 생각할 때면 울가망해진다. 막연히 걱정만으로는 될 일도 아닌 것 같다. 그래서 난 오늘도 칡뿌리처럼 질긴 탐욕의 노끈을 내 속에 거두며 부단히 살아간다. 그런데 참, 참으로 딱한 노릇이다. 아침에 또 서랍열쇠를 집에 두고 왔으니.

태 움

낙엽이 쉽게 흩날린다. 불러도 돌아보지 않고 작심한 듯 굴러간다. 한적한 시골길에 잘 어울릴 것 같은 플라타너스가 지난여름 태풍에 휩쓸려간 도랑 빈 구석처럼 허허하다. 늘 이때쯤이면 저문 들판이나 과수원 한쪽에서 푸석푸석 낙엽 타는 냄새가 그리워 안달이 나곤 했다. 그 무덤덤한 것이 아직도 내 전신을 들쑤시고 있다. 후다닥 뛰쳐나가 안고 부닥치고 막 그러고 싶다. 그 뜨거운 열정, 사랑, 의욕들이 그동안 사느라고 지친 삭막함에서 벗어나게 해준다. 이 가을, 태우면서 낭만에 젖어드는 게 비단 낙엽뿐이랴?

태움은 또 다른 출발이다. 태워서 좋은 것도 또 나쁜 것도 하 많겠지만, 종국에 저 한 몸 재가 될지라도 다시 태어난다면 그보다 더 보람된 게 있을까. 가을의 장려함은 온 산천을 오색 찬연하게 물들이고 살찌우는데 있는 것, 그건 부단하게 자신을 태움으로 거듭나는 것이었다. 강둑의 들풀이나 갈대를 태우는 모습은 얼마나 순수하던가. 그래 우리는 태워서 더 많은 것을 얻을 수 있었음을 고래에 보아왔다. 이것을 버림으로 저것을 얻어 내듯, 진실 어린 참 유혹을 뿌리칠 수가 없다.

그뿐인가, 애태움도 있다. 청춘남녀가 사랑을 불태우는 건, 쉬 보이지도 않아 늘 몰래 이루어지곤 한다. 가슴이 뜨거운 만치 아픔도 동반하리라. 그 정열을 끝까지 승화시키지 못하고 중도에 꺼지게 하면 그건 아픔이 되고 만다. 가슴 조이며 불태우는 과정은 그 누구도 막지 못하리라. 내 마음을 바로 전달하지 못하는 간절한 마음, 서로의 마음을 읽지 못하는 애태움은 말해 무엇하랴? 누구에게나 사랑이야기는 애절하면서도 불타는 애정으로 가슴을 저미게 한다.

죽어 육신을 불태우는 것, 빈손으로 와서 빈손으로 간다는 당연함으로 곧 아무 미련 없이 날려버리라는 뜻이다. 조상에게 제사를 모시고 지방을 태우고, 또 죽은 자의 옷가지를 태워 재를 날려 보내고, 기도하며 촛불을 태우는 성스러움이 그렇듯 태운다는 것은 또 다른 환생을 뜻한다. 어쩌면 우리 생애에 가장 엄숙하고 고귀한 의식일지 모른다. 죽으면 응당 그렇게 되리라는 생각을 갖게 됨을 말없이 받아들이는 것도 그러한 연유에서이다.

수년 전 청년기에 걸쳐 써둔 일기장을 태워버렸다. 모든 걸 다

잊고 싶었기 때문이다. 못나고 아픈 과거를 깡그리 태우려 했다. 사실 그간 행적이 떳떳하지 못한 어리석음을 누가 알까 두렵기도 했던 것이다. 거기에는 철부지 이야기에서부터 어리석은 감정과 밝지 못한 사고와 결핍, 방황들이 뒤섞여 있어 수시로 나를 옭아매었다. 마당 한쪽에서 한 장씩 찢어가며 태워 가는 심정은 앳된 바람을 하늘로부터 구원을 받으려는 절실한 마음이기도 했다. 그 후 난 한결 편하고 가벼울 수 있었다.

과감히 버릴 수 있는데도 구태여 옛것을 싸 짊어지고 간다는 것은 참 곤혹스럽다. 그래서 사람은 자주 태워 없애는지도 모른다. 뭔가를 새로 채울 수 있는 공간이 있고, 새로운 분위기를 시도할 때 이것보다 더 효과적인 것은 없어 보인다. 가끔 골목길이나 공사장에서 쓰레기를 태워 없애는 것에 걸음을 멈춘다. 이것저것 필요치 않은 물체들을 피워 하늘로 치솟게 하는 게 큰 의식처럼 느껴질 때가 있다. 한 줄기 모닥불을 피워 밝혀주고 덥혀주고 하는 것이 얼마나 삶에 있어 마딘 일이었나. 제 살을 도려내어 남을 구제하는 것과 다를 바 없다.

태움의 원천이랄 수 있는 불이 편리함과 아늑함을 주는 것은 자명하다. 하지만, 도를 지나쳤을 때 오히려 해가 되지 않았던가. 집회나 시위를 하면서 화염 불을 태우는 모습은 보기에도 끔찍스럽다. 또 화재가 나서 집을 삼키고 사람을 희생시키는 것은 인간이 저지르는 일 중에 가슴 아픈 일이다. 고귀한 문화유산을 태워 없애버리는 안타까움을 또 어디다 비길까. 손실되었다는 사실에 우린 참담해진다. 아까운 것도 있지만, 우리 자손대대로 내려온 정신과 고귀함이 한순간에 잿더미로 변한다는 것에 대한 상실감에서이다.

사실 태운다는 것, 몸속의 지방 태우기보다 더 절실한 게 있으려나. 해마다 뱃살과 비만 탓에 많은 사람이 목숨도 잃는다. 뻔히 알면서도 어쩔 수 없이 당하고 있는 우둔함을 피하지 못하니 안타깝다. 생각은 필사적인데 행동이 따르지 않는다. 현대인들이 가장 많은 관심은 건강이거늘 그중에 뱃살 빼기도 가볍지 않다. 뺀다는 것은 오직 운동을 통해 태워 없애는 방법밖에 없는 것, 살기 위한 방편이며 막다른 생존목표요 그것은 우리 생사를 가르기도 한다. 나 역시도 겹겹이 에워싼 지방으로 인한 불편함이 여간 아니다.

팔공산을 자주 오른다. 한창 단풍이 곱게 물들어 보기만 해도 가슴도 우련하다. 밋밋한 내 마음도 저리 알록달록 물들이거나 식어가는 가슴을 활활 불붙이고 싶다. 덜 여문 은행나무 길을 걸으니 삶의 풋풋함이 넘친다. 비록 쓸모없는 궁리일지라도 이것저것 섞어가며 많은 생각을 해보는 것도 좋다. 텅 빈 집에 개가 꼬리를 흔드는 것은 분명히 나를 경계할 수도 있겠지만, 얼마나 사람이 그리웠으면 저리 정분을 표할까 싶어 쉽게 자리를 뜨질 못한다. 이내 그냥 지나칠 수밖에 없는 내 형편을 알고 가슴을 쓸어 보는 재미도 새롭다.

병을 주고 괴로움을 주는 것들은 모두 태워 없애자. 설령 지워졌다가 새순처럼 돋아나더라도 또 싹둑 잘라버리자. 우리의 타는 가슴은 주체할 수 없지 않은가. 부단히 눈과 가슴을 태워야 한다. 오히려 이것저것 많이 생각함으로 괴롭고 힘이 드는 우리의 삶, 좋든 싫든 그런 것들과 거칠고 질긴 싸움을 하지 않을 수 없다. 이 많은 짐을 가려서 태워야 한다. 그중 난 욕망과 의지를 태우는 것을 최상으로 여기련다. 때론 병마와 싸워 저항력을 키워가는 것처럼, 사위어 꺼져가는 가슴 일망정 힘껏 부채질하여 끌어내 밝히리라. 늘 이글거리는 눈빛으로 대하고 싶다.

앞산 그랬어?

봄빛 한 번 눈부시다. 이런 날일수록 왠지 외톨이도 될지 모른다는 불안감 또 뭔가 남겨야 하고 하나라도 주워 담아야 직성이 풀릴 것 같다. 얼마 남지 않았다는 조바심에 자꾸 달음박질해가는 현실에서 그 무엇인가를 건지려는 절박함이 묻어있다. 산 입구에서 친구를 만나기로 했다.

눈만 뜨면 가시권에 드는 앞산, 만만해 부르기도 좋고 늘 가까이 있어 친근감이 있다. 우리 고장의 귀중한 자산이다. 이토록 천의무봉의 선물을 인간에게 골고루 나눠주다니 고맙기 그지없다. 또 한 편으론 부끄럽다는 생각이 든다. 이 꽃을 피우기 위해 지난겨울 얼마나 혹독한 시련을 겪었을까? 지난겨울도 그랬고 저 지난겨울도 나는 별로 베푼 것이 없어 할 말이 없다. 그래도 자연의 생태는 잘잘못을 따지지 않고 저 여리고 고운 천사를 고르게 내려주는구나.

이건 일종의 계시이기도 하다. 누구에게나 똑같이 출발하라는 뜻인 거다. 슬며시 불안감이 엄습한다. 혹 대열에서 뒤처지지나 않을까? 학교 다닐 때 똑같이 외우기를 시키면 잘 못 외워서 끝까지 남곤 했던 기억이 있다. 한 가지에 집중을 잘하지 못하는 터라 이렇게 줄을 세워 경쟁을 시키면 괜히 주눅이 든다. 무엇이든 차분히 혼자 결론을 내리고 정리를 해야만 내 것이 되는 습성이 배어 있다. 그래서 이런 황홀한 봄날 집에 머문다는 것이 허용 안 되는지도 모른다.

신라왕이 이곳에 고산사를 짓고 백일기도 후 옥동자를 낳았다는 효험의 골, 고산골엔 이미 많은 등산객들로 북적인다. 저들도 과분한 이 봄을 홀로 감당하지 못하는 건 아닐지. 요즘 어디가나 많이 불리고 들려오는 "내 나이가 어때서…." 대중가요가 흐른다. 오늘 동행한 친구가 녹음기를 하나 샀다며 산 입구에서부터 틀어 놓았다. 움찔움찔 어깨춤이 나오면서 걸음도 가볍다. 주로 연세 많은 분이 운동할 때 호주머니에 넣거나 배낭에 차고 듣는다. 그걸 지금 우리가 하고 있는 거다. 그런데 저 노인 틈속에 끼어 라디오를 듣고 즐겨도 전혀 거리감이 없다.

주변에 건강을 잃고 쓰러지는 사람을 부쩍 많이 본다. 건강은 건강할 때 지켜야 한다고 했다. 그런 신념을 지니고 또 나날이 무거워지는 육체를 다독이려고 애쓴다. 오늘은 앞산 정상까지 가 볼 작정이다. 날씨도 좋고 훤히 트인 대구 시가지의 모습이 새롭게 다가온다. 잘 다듬어진 수성못, 죽죽 뻗은 고가도로며 신천, 즐비한 고급아파트 그리고 꽉 들어선 나무들로 빈틈이 없는 대도시다.

삼십 년도 넘었다. 고등학교를 졸업하고 자주 찾던 앞산 길이었다. 지금의 아스팔트며 고층아파트 대신 기와집에 양철지붕이 대부분인 그런 골목길을 거침없이 달려오다 보면 앞산은 언제나 덥석 반갑게 맞아 주었다. 또래 대여섯 명은 추우나 더우나 무얼 얻으려고 하듯, 약속이나 한 듯 올랐었다. 새벽녘 약수 한 잔 마시며 드넓은 세상을 향해 호연지기를 키웠었다. 체력과 정신력이 한창때였던 것 같다. 어서 자립해서 직장도 구해 장가도 가고 참 할 일이 많았었다. 장차 무엇이 되어 나라에 어떤 영향력을 끼칠지 모르는 대망의 꿈을 가진 청년 시절이었다.

그러나 이젠 끝자락을 감는 늙수그레한 사람이 되어간다. 예전에 막 뛰어다니던 그 산을 힘들게 오르고 있다. 기대감에 부풀어 오르던 그 시절과는 달리 지금은 퇴직 후 무엇을 할 것인가. 내 자녀의 앞날은 어떻게 될 것인가? 그러한 것들로 가득 찬다. 후들대는 다리는 늘 불안정하고 숨이 차올라 마음 같지 않다. 자칫 오늘 무리하게 운동을 하면 며칠 고생하기 때문에 안 한 만도 못한 결과가 될 수도 있다.

그간 얼마나 많은 사람이 이 산을 오르내리며 다짐했을까. 똑같은 산이건만, 세월로 인해 생각의 폭은 점점 좁혀지고 있다. 순수하고 야망적인 관습을 바꾸어 놓았다. 알 수 없는 미래, 그 옛날 잘 다듬어지지 않는 산길을 오르면서 알 수 없었듯, 잘 정비된 등산로를 오르는 지금도 목말라하긴 마찬가지다.

하산길, 메타세쿼이아 숲길을 지나 즐겨 찾는 식당에 들어선다. 이미 갔다 온 등산객은 삼삼오오 음식이나 술잔을 들며 이야기꽃을 피운다. 시골 대폿집 풍광 같아 금세 분위기에 젖는다. 모두 표정들이 밝다. 그래, 이것이 우리 사는 맛이요 재미인 것, 인간 본연은 모습은 이런 것일 거다.

그 옛적 학교 앞 문방구에서 산 싸구려 체육복을 입고 씽씽 앞산을 오르내렸던 꿈 많은 시절을 그려보며 빙그레 미소 짓는다. 친구야, 이제 우리 앞산 추억도 반씩 나눠 가지자꾸나. 해물파전 안주에 막걸리 한 잔 어떻겠어.

5.

매호동 연가

강은 오히려 침묵함으로써 귀하다. 지난 세월의 격정, 파란 많았던 역사를 고스란히 안고 있으면서 우리가 어떻게 살아가야 할지를 알려준다. 겸손을 배운다. 오만과 객기를 부려도 이곳에 오면 아무 쓸모없다는 것을 알게 된다.

매호동 연가

바로 옆 동이 신매동인 것만 봐도 예전엔 매화가 많이 피었음 직하다. 지금은 매화도 호수도 눈에 잘 띄질 않는다. 논 가운데 자그마한 연못 몇 군데가 남아있을 뿐이다.

매호동은 도시와 시골을 반 반 섞어놓은 동네다. '내매, 외매와 호동이 합쳐졌다'는 유래가 전해온다. 행정구역은 대구 수성구 고산3동이다. 칠십 년대 한적한 시골 마을에 신도시 바람이 불어 중 고층 아파트가 줄줄이 들어섰다. 아직도 옛 슬레이트 건물이 억척스레 남아 있긴 하지만 점점 사라져간다. 자고나면 상가나 원룸이 쑥쑥 들어서고 직장 다니는 젊은 세대와 학생들이 주를 이루며 살고 있다. 괭이 들고 밭일 나가는 농부의 모습은 찾기 어렵다.

상전벽해가 따로 없다. 버스에서 내리면 고층 아파트단지 탓에 가슴이 답답하다. 거기다가 촘촘히 들어선 건물이며 간판들이 현란하게 만든다. 요즘같이 무더운 날에는 뜨거운 불빛과 차량 엔진으로 더욱 지치게 한다. 종일 북적인다. 모두는 그 북적대는 속에서 살아남기 위해 뭔가를 잡으려고 필사적이다. 문득 경쟁 상대에 놓여 있는 자신을 발견하면 움칫 두려워진다. 발 빠르게 움직여야만 버스나 지하철에서 겨우 자리 하나를 차지하고 건널목도 제시간에 건너올 수 있다. 힘주어 어깨를 펴 봐도 영 어설프다.

하지만 천만다행이다. 매호동의 그 반쪽은 그렇지 않아도 되니 말이다. 다소 느긋하게 허리끈을 풀어놓아도 좋다. 풀밭처럼 평온하고 낭만이 깃든 곳이 저 한쪽에 소담스럽게 비워져 있기 때문이다. 사람들은 될 수 있으면 복잡한 쪽을 피하려고 한다. 너른 들판엔 늘 자연의 신비함과 가르침이 있지 않은가. 이삭이 패고 과실이 영글고 가을이면 수확에 바쁘다. 밤이면 개구리 울음소리에 잠이 들고 아침엔 지저귀는 새소리에 깬다. 장미넝쿨이 철로 변을 휘감고 코스모스가 바람결에 한들대는 그 옆 둑엔 항상 푸성귀가 풋풋하다.

추적추적 오는 비가 도심에는 귀찮을 수 있지만, 이곳에서는 무척 낭만적이다. 그 빗물이 허기를 채워주는 양 채소와 곡식들은 잘도 받아 마신다. 어찌나 천진한지 젖 빠는 아기 모습을 그려보기도 한다. 철로에 몸을 실은 승객은 무언가 깊은 생각에 잠겨있는 듯하다. 세상사엔 너와 내가 존재하니 필연 음과 양도 따르는 법, 좋고 싫음이 있고 만나고 헤어짐이 있는 것이다. 각자의 생각으로 또 다른 세상을 바라보는 우리는 불안정할 때가 많다.

가끔씩 자전거도 탄다. 최근 금호강둑에 자전거 도로를 잘 닦아 놓았다. 무더운 날씨에도 동호인은 삼삼오오 열심히 달린다. 옛 친구를 반야월교 중간쯤에서 만나 돼지국밥 한 그릇 먹으며 우의 쌓기에도 좋고 큰아들과 나란히 달리며 그간 서먹한 분위기를 바꾸어보는 것도 알찬 일이 됐다. 차는 너무 빨리 달려서 여유가 없다. 또 걷는 것은 오랜 시간이 걸려 지칠 때도 있지만, 자전거는 적당한 속도를 유지하여 깊고 많은 사유를 낳게 해서 좋다.

엎어지면 코 닿는 곳이 또 천을산이다. 십여 분만 오르면 소나무 숲 향에 듬뿍 취할 수 있다. 신선한 바람에 공기부터 다르다. 매년 해돋이 행사도 하고 각종 운동기구가 갖춰져 인근 주민의 발길이 끊어지질 않는다. 산세가 험하지 않아 가벼운 마음으로 찾을 수 있다. 주변을 휙 둘러보면 속이 다 후련해진다. 멀리 팔공산이 한 눈에 들어오고 경산 하양까지 가시거리인데 고가교의 묘미랄까, 대구선 KTX 경부선이 박진감 넘치게 가로지른다. 산 아래 가천역은 비록 승객이 머물지 않아도 조용한 시골 역 같아 정겹다.

매호동, 그냥 부르기만 해도 여유롭다. 세상에 이런 곳이 또 어디 있을까 싶다. 여유와 분주함, 도심 속에 산야가 있고 이따금 철마가 곤한 심신을 달래주니 이게 우리 삶의 덤이 아니던가. 가만 창가에 턱을 괴고 귀 기울여본다.

줄곧 하늘에선 가랑비 내리는데
거실엔 라디오 소리
뒷 베란다 세탁기 소리
물소리 담장 너머로 장닭 긴 울음소리

열차 소리 초침 소리 자판기 두드리는 소리
그 사이 사이로 아,
라울 잎 돋는 소리
진종일 토끼 귀 되어 부르노니, 매호동 연가!

– 자작시 〈 매호동 연가〉

해 질 무렵 장닭의 긴 울음소리를 들으며 '매호동 연가'를 부를 수 있으니 이 얼마나 행복한가. 그저 좋다.

봄 앓이

창가 봄볕이 다사롭다. 화단에 막 꽃망울을 터트린 목련이 자꾸 불러낸다. 건너 철둑 옆 노란 산수유도 같이 거들며 갖은 아양이다. 도시에 사는 농부는 살얼음에 풀린 개울물처럼 떨치고 밭에 나와 흙 갈고 고르기에 여념이 없다. 그 탓일까, 이런 날 집에 마냥 있다는 것도 어찌 죄책감이 든다. 며칠 전 큰 맘 먹고 산 정상까지 갔다 와 다리가 뻐근해도 이 유혹에 주저앉아 있을 수는 없다. 그렇다고 딱히 나갈 곳도 없건만 그 무엇에 끌려 나가는 형국이다.

자전거를 꺼낸다. 등산 차림에 장갑까지 끼고 제법 모양을 갖추었다. 페달을 힘껏 밟고 아파트 정문을 나선다. 오른쪽으로 가면 매호 들녘이 있고 율하천이 흐른다. 반대 왼쪽엔 상가가 밀집되어 있고 차들이 많이 다니는 번화가이다. 핸들은 자연스레 번화가 쪽으로 꺾어진다. 이른 봄인데도 덥다. 몇몇 청소년은 엷은 옷을 걸치고 나와 발랄하게 보인다만, 그러고 보니 난 여태 겨울옷을 입고 있었네. 개나리꽃이 곱게 핀 공원 벤치에 앉아본다. 할머니 한 분은 운동기구로 팔 돌리는 동작을 열심히 반복한다. 끈질긴 삶의 애착이다.

'그래 건강이 최고야, 우리 살아가면서 건강 말고 뭐 있겠나. 다 소용없지.' 혼자 중얼거린다. 자전거를 계속 타는 건 힘도 들고 재미가 없을 것 같다. 친구한테 전화를 해보자. 한동안 벨이 울려도 받지 않는다. 반가이 받아 줘야 할 친구인데 궁금해서 문자를 넣어본다. 답을 기다리면서 다시 '건강'이라는 단어에 몰두한다. 주위에 아픈 사람이 참 많다. 얼마 전까지도 멀쩡하다가 말을 못하거나 암에 걸렸다며 낙담하는 것을 보면 안타깝다. 이게 꼭 그 사람만의 일이 아니기에 더욱 그렇다. 하루하루 처지는 나의 건강상태를 보면서도 바짝 긴장하지 않을 수 없다. 그래서 집에 있지 못하고 운동, 운동 부르짖으며 나다니고 있는지 모른다.

"감기에 걸려 꼼짝을 못하고 있다네." 잠시 후 문자가 왔다. 퇴직한 지 일 년 넘어 사회생활이며 건강을 자신하던 친구인데 이번 감기로 호된 고생을 하는 모양이다. 그 누구도 비켜갈 수 없는 것이 건강인데. 이제 어디로 가야 하나? 가장 쉽게 시간을 보내고 쉴 수 있는 건 버스 타기이다. 남쪽 방면의 버스를 일단 타 보기로 한다. 차창 가에 펼쳐지는 광경들은 한껏 싱싱한 봄을 알린다. 그런데 몇 정거장 안 가서 내려야겠다. 버스 안이 밀폐되고 답답한 데다 자주 서고 내리는 번잡함에 쉬이 피곤해졌기 때문이다. 소음과 뜨거운 봄볕 탓도 있다.

내려서 다른 방향의 버스를 기다린다. 다른 친구한테 전화를 해보자. 그런데 이 친구 역시, 다음 주 이사하기 위해 이것저것 정리 중이란다. 난감해졌다. 그동안 난 맨날 바쁘고 피곤해하며 푹 쉬고 싶다는 생각을 얼마나 많이 해 왔던가. 정년퇴직하면 만사를 제쳐놓고 방방곡곡 놀러나 다니며 하고 싶은 것 하고, 먹고 싶은 것 먹으면서 마음 편하게 살겠다던 생각이 슬슬 꼬리를 낮추고 있다. 누구도 간섭하지 않는 휴일, 슬며시 집을 빠져나와 뭐가 할 일이 있는 것처럼 의기 등등했는데 앞뒤가 꽉 막혀 버렸다. 흔히 하는 말로 오라는 데도 없고 갈 데도 없는 모양새가 된 것이다.

북쪽 방향의 버스를 탔다. 버스는 네거리를 지나 방송국 앞을 지나는데 문득 이 차는 직장 앞을 지나 시내 중심가를 통과한다는 안내방송에 그만 멈칫하며 또 갈등한다. 직장을 벗어나 여유로운 날, 구태여 그 앞을 지나는 것 하며 시내 한복판에서 잠시라도 혼잡을 감수하는 것이 편하지 않다. 자유로운 몸으로 재충전의 휴식을 하고 싶은 것, 다음 정거장에서 내려 천천히 걷기로 한다. 평일 같으면 통행량이 많은 곳이지만 휴일이라 한적하다.

문을 닫은 빈 점포 안을 살피거나 즐비한 간판을 읽으면서 가벼운 마음으로 걷는다.

저 많은 상호 가게들 그 안에서 일하는 사람이 얼마며 과연 얼마를 벌어야 생계유지가 될까? 또 시시때때로 벌어지는 일들을 어떻게 감당하는지 잠시 기우에 빠진다. 먹고 살기 위해서 발버둥을 치고 있지만, 평등은 먼 데 있어 갈수록 격차가 난다. 저기 한 식당은 오늘 폐업을 하는가 보다. 한쪽은 물건을 들어내고 한쪽은 실내장식을 하느라 부산하다. 부익부 빈익빈, 당연한 말인 것 같아도 정말 불가항력이며 슬픈 현실이다. 호텔이나 유명식당에는 고급 요리가 남아돌고 빈민가에는 굶주림에 고통을 받고 있으니 이걸 타고난 제 운명이며 못난 탓이라고 돌릴 수만 있으랴. 그만 시들해진다.

이제 더 이상의 방황은 시간 낭비라는 결론에 집 쪽으로 방향을 돌린다. 아무도 반겨주지 않는 나, 가다가 넘어져도 누구 한 사람 잡아 일으켜 세워 주지 않을 것이라는 생각에 서럽기도 하다. 자유란 것이 어느 한 틀에서의 여유로움이지 방임과 무절제는 아니다. 불안이 있어야 발전이 있고 건강해진다는 말이 있듯 행복도 불행이 있어야 가능하리라. 힘을 내자. 그때였다. 막 지하철 입구에 닿자 길게 서 있던 에스컬레이터가 서서히 나를 향해 기어올라온다. 저건 나를 위한 배려가 아니고 무엇인가, 이

한 사람을 위해 온몸으로 반겨 주다니.

풀이 죽어 숨고만 싶던 존재가 일거에 용기를 얻는다. 그래 아직도 나를 믿고 감싸 주는 데가 있구나. 스스로 자학할 필요가 없는 것, 한순간 오갈 데 없다고 해서 의기소침할 일이 아니다. 집 앞 버스정류장에 내려 아까 보관대에 묶어 두었던 자전거를 다시 탄다. 마수걸이라도 했는지 도로변 과일 장수 얼굴이 봄볕에 많이 거슬렸다. 다리가 불편하신 어머님은 지금도 누워 혼자 계실 것이다. 십사 층 아파트 문을 살며시 열고 들어선다. 자식을 위해 모든 걸 다 내주는 끝없는 사랑, 아! 이게 진정 행복인 것을. 포근히 감싸주는 가없는 미소를 보는 순간 종일 봄바람에 방황했던 일들이 한없이 미안하고 죄스러웠다.

십이월에 하고 싶은 것들

십이월은 이래저래 바쁜 달이다. 바쁘다는 건 능력은 생각 않고 욕심을 많이 내었다는 뜻일 게다. 지나고 보면 얼렁뚱땅 놓친 게 더 많은 것 같은 한 해로 기억되기 일쑤다. 그래서 늘 후회하고 아쉬워하게 되나 보다.

기실 할 일이 많지만 살포시 내려놓을 것도 많다. 연초에 세웠던 계획 하나하나를 미련 없이 지울 수 있다면 더 할 나위가 없으리라. 뭔가 마무리 지어야 하고 결과가 괜찮아야 하는 은근한 압박감에 잠 못 이루기도 한다. 엉성했던 것이 있다면 얽어 짜 내놓아야 하련만, 걸쳐만 놓고 어정거리다 날을 다 보내고 만 건 아닌지 초조해진다.

머리가 희끗희끗해지고 실수가 반복되면 몸이 심각해진다는 것도 알아차려야 하리라. 하여 '포기하고 내년을 기약할까.' 하는 절충에 휩싸이기도 한다. 세상 돌아가는 게 모순투성이라는 것도 깨달은 지 오래전, 다 잘되라는 법도 없지 않은가. 힘이 부치고 동기부여가 없으면 곧 잊어버리고 마는 우리의 관습일진대 한 해를 마감할 이즈음 매번 기록영상물을 보듯 뒤돌아보게 된다.

집 앞 공원엘 나선다. 아파트 숲을 비집고 한 줄기 갈마바람이 호쾌히 불어온다. 마른 이파리들이 더는 견디지 못하겠는지 와르르 무너진다. 저 나무들이야 겨울을 나기 위한 자생력으로 미련 없이 옷을 벗는다지만 난데없이 떨어지는 잎은 영문도 모른 채 얼마나 서러우랴. 봄여름 푸름으로 희망 찬 세상을 보여주었고 가을엔 오색 찬연한 빛깔로 삶의 오묘함을 품게 하였다. 이제 퍼석하고 윤기 잃은 겨울날을 맞아 족보 없는 자식처럼 하찮게 한 줌 쓰레기로 날려지고 말다니. 결국 우리네 인생과도 같아 자꾸 움츠려든다.

그간 잊고 살았던 것일랑은 살그미 내려놓자. 욕심과 허영으로 둘러싸여 진정한 나를 마주하기가 참 힘들었다. 쓸데없이 과욕하거나 자아를 망각한 게 없는지 차분히 생각할 시간이 온 것이다. 훌쩍 기차 여행을 떠나는 것도 좋겠다. 낯모를 곳 꼬부라진 길 따라 한동안 뚝 떨어져 있었으면 한다. 처음 가보는 땅에 발을 디디는 일은 긴장과 함께 새 기운을 얻을 수 있으리라.

철교 위를 달리는 열차 소리와 쌩쌩 찬바람이 더해져 주변은 무척 스산해질 것이다. 늦은 밤 김 서린 창가에 앉아 기적 소리에 전율이 이는 그런 곳, 그곳에서 원초적 외로움을 끄집어내봐야지. 또 수확하다 남아 반쯤 얼은 배추며 무를 우적우적 씹고 싶다. 도랑 건너 우물이 있는 한 외딴집에 가 찬물 한 잔 얻어 마시는 재미는 어떨까. 혹여 햇살에 고추 말리는 노부부라도 만나면 다정히 말도 건네고 배낭의 초콜릿이라도 몇 개 전하고 싶다.

덧없는 현실 속에 지치고 상한 마음을 어찌 다 말로 다 하랴만, 미움은 자꾸 늘어나 그 증오심에서부터 속히 벗어나야 함을 느낀다. 덕지덕지 붙여 놓은 올가미에서 빠져나오고 싶다. 갈수록 좁고 얕아지는 삶 속에 한 치 앞도 모른다는 그런 말들은 종이 한 장 차이라는 것을 왜 진작 깨닫지 못했던지. 앞날이 창창할 줄만 알았던 것들이 불안해지고 흔들리는 촛불처럼 위험천만한 생각이 든다면 지금쯤 방향을 선회하고 작별을 고하자.

함박눈 오면 들뜬 기분에 온 세상을 휘감싸기도 했던 여린 감성들, 다가오는 십이월에는 다 걸 물리치고 조용히 지내련다. 아득하고 답이 없던 막막한 그 긴 밤이며 친구들과 덩달아 들뜬 크리스마스를 보내야 했던 것도 이제 내겐 먼 이야기가 되었다. 알 듯 말 듯 날려버리고 그저 더부살이하는 삶, 오늘 퍼붓는 눈발 아래에서도 느긋이 어제 내린 눈으로 남고 싶을 뿐이다.

산다는 것, 또 살아야 하는 것들은 끊임없는 물음이다. 그런

질문들을 되짚어보며 깊은 산속이나 오솔길을 걷자. 가다가 나무나 바위에게 거리낌 없이 말을 붙일것이다. 작은 연못을 지나 억새가 서걱대는 강둑을 걸으리라. 알뜰히 다 넘겨주고도 홍시 몇 개는 까치에게 겨울 양식은 될 터이다. 송사리 떼 노니는 개울가 간혹 차가운 바람이 스치면 갈대며 솔가지가 호들갑 떠는 호젓한 마을에서 이삼 일 머물고 싶다. 다소 추워도 좋으니 나뭇가지처럼 훌훌 벗어던질 수 있는 곳, 맑고 단정해 걸림이 없는 눈 시린 하늘이 분명 있을 거다.

분에 넘치도록 너무 많은 걸 소비했는지 모른다. 더 멀리 뛰기 위해 움츠리는 기개가 필요하듯 부지런히 앞만 보고 달려왔다면 앞날을 위해 조금 힘을 비축해 두자. 튼실한 꽃과 열매를 맺자면 이쯤 해서 양보도 필요한 것, 여기까지 무사히 올 수 있었던 것은 혼자만의 노역이 아니란 걸 잊어서는 안 될 일이다. 뚝 떨어져 있는 것들 외로운 사람 그리고 척박한 땅에서 곤혹스레 자라는 들풀에까지 감사와 존경을 보낸다.

바쁠수록 돌아가라고 했다. 십이월엔 놓쳤던 것을 챙겨보고 눈빛을 한 번 더 주는 것이 소중하다. 더 채우려고 욕심을 부리는 게 아니라 사뭇 비우고 숙여야 하는 그런 달이다. 소외되고 늘 기억의 저편에서 초라하게 존재하는 그 모든 것에 고운 미소를 보낸다.

스승님의 청성곡淸聲曲

아직도 스승님의 부드러운 눈매를 잊지 못한다. 희고 검은 구레나룻에 중절모자를 지그시 눌러쓴 그 포근함, 잔잔한 미소를 지으신다. 삶에 대한 짙은 향수, 단아한 모습에서 깊은 예술의 한 자락을 보았다. 추엽秋葉같은 인생의 외로움이 느껴지기도 했다.

수업 마지막 날, 단소의 참 멋이라고 할 수 있는 '청성곡堯天舜日之曲'을 멋들어지게 연주해 주셨다. 전통 성악곡을 기악곡으로 만든 곡으로 영롱하고 애잔한 가락에 신비로움을 더했다. 입술을 살짝 떼었다 붙였다 하며 지그시 감은 두 눈은 바로 선인의 모습이었다. 그러다 한 번씩 고개와 양어깨를 물결치듯 살짝 흔드는 여유를 보이기도 했다. 맑은 시냇물이 유유히 흐르다가 두둥실 밝은 달과 한판 어우러지고, 다시 몇 길 폭포로 툭 떨어지는 – 그것은 한편의 인생 극과도 같은 곡이었다.

불과 몇 안 되는 수강생이었지만, 스승님은 온 힘을 다해 지도해 주셨다. 마지막까지 남아있던 우리는 죄송스런 마음에 차마 눈을 마주치지 못했다. 능선을 넘지 못할 것을 잘 알면서도 내색하지 않았다. 만나면 헤어지는 법, 아마도 강의 시작부터 이런 날이 올 것을 미리 예상했는지도 모른다. 그래서 담담했을 것이고 더욱 열심히 가르쳐 주셨으리라.

그날 저녁, 좋은 단소를 만들려고 전국의 유명한 대밭을 찾아다니시던 일화며 단소에 관한 많은 정보를 들려주시며 아쉬운 이별주를 나눴다. 그리고 다음날 미국 공연을 떠나셨다. 결국 마지막 수업이었다.

그러고 보니 수십 년이 흘렀다. 오공의 단소를 배운다고 우린 근무 후 각별한 각오로 임했다. 수업 첫날 스승님은 조그만 대나무 막대기 구멍에 입을 대고 재빠른 손놀림으로 〈아리랑〉 한 곡을 선보여 주셨다. 모두는 감탄한 나머지 입을 쉬이 다물지 못했다. 민족의 한이 구구절절 서린 그야말로 심금을 울리는 소리였다. 당장 단소와 교재를 샀다. 손가락 움직임부터 시작해서 '중임무황태' 다섯 음률에 맞추어 입술이 부르트도록 불었다. 언젠가 명산고찰의 소나무 아래에서 〈청성곡〉 한 곡쯤 멋들어지게 부를 수 있을 것으로 생각하면 절로 가슴이 부풀었다.

스승님은 한 사람 한 사람씩 옆을 다니시며 단소를 잡는 방법이며 입 모양을 교정해 주셨다. 행여 방해라도 될까 고양이 걸음을 걸으시며 옆에서 귀를 바짝 갖다대고 음을 경청하다 그리고는 틀린 음을 지적해 주셨다. 그때마다 멋쩍기도 해서 괜히 단소에 문제 있다는 듯이 투덜대면 빙긋이 웃으시며 직접 단소를 불어 보이셨다. 나는 그제야 문제가 없다는 것을 알고 더 열심히 불곤 했는데 스승님이 보잘것없는 내 단소에 입을 대어주신 것에 더 우쭐했지 않았나 싶다.

애초에 쉬운 일은 없었다. 우리의 소리인 단소를 배움은 분명히 뜻있는 일이긴 하지만 생각대로 잘되지 않았다. 힘을 주었다 빼었다 해도 나오는 소리는 들릴락 말락 하여 목의 통증만 더했다. 오히려 그런 고통을 뛰어넘어선 명인, 명장들의 고통을 이해하지 않을 수 없게 한다.

요즘 사람들은 아예 알려고도 하지 않는 옛것들, 대대로 맥을 잇게 한다는 게 참으로 고달프고 힘든 작업인 것은 당연하다. 과연 그들은 옳은 물건 하나 소리 하나 만들어 내려고 얼마만큼의 시간과 노력을 기울였던가. 그래 난 더더욱 멈출 수 없었다.

〈아리랑〉에서 〈반달〉, 〈한오백년〉 으로 이어지면서 진도는 계속 나갔다. 그런데 시간이 흐름에 따라 그 열의를 따라가지 못하고 수업을 포기하는 수강생들이 하나 둘 늘어났다. 시작할 때는 삽십여 명이었지만 나중엔 대여섯 명만 남았다. 하지만 스승님은 전혀 아랑곳하지 않고 늘 먼저 나와서 칠판에 악보를 그리시고 계셨다. 단소는 먼저 장단부터 알아야 한다며 '쿵더쿵 쿵덕덕덕'을 무릎이 아프도록 두드리셨다. 난 그게 왜 그리 안 되던지…….

〈청성곡〉은 말 그대로 맑고 청아한 곡이다. 스승님은 멀리 창밖을 한참 보시더니 무슨 말씀을 할 듯 말 듯 하다가 다시 단소를 입술에 대셨다. 그리고 눈을 지그시 감으시고, 팔을 위아래로 부드럽게 흔들며 긴 곡을 한 번 더 연주해 주셨다. 서너 해쯤 묵어 속살이 붙었다는 대의 울림은 청아하다 못해 고독하기까지 했다. 끊어질 듯하다가 다시 이어지는 애절한 삶의 몸부림 그것이었다. 온 힘을 다해 연주하시는 옆모습이 왠지 허전했다. 고독의 잔물결이 한복 옷깃을 스쳐 지나가고 있었다. 연주가 다 끝나고 우리는 오래도록 눈물 어린 손뼉을 쳤다.

말없이 창가를 바라보시다가 한 곡을 더 들려주시던 그 깊은 뜻을 이제 알 것 같다. 늘 먼저 오셔서 하나라도 더 가르쳐 주고 싶은 열의, 고결한 열정이 내 빈 가슴을 달구어 놓는다.

"나는 단 한 명이 나와도 수업을 합니다."

단 한 명일지언정 예술을 사랑할 줄 알고, 장인정신이 깃들어 있는 재목이 있다면 스승님은 기꺼이 몸을 던졌으리라. 그것은 스승님의 끈끈한 삶의 애착이기도 했으리라.

베풂, 그 가벼움

차는 팔공산자락을 돌아 다시 능성동으로 향하고 있다. 새벽 두 시가 넘었다. 그것도 처음 만난 한 젊은 부부와 동승을 했다. 그날은 큰 마음먹고 집사람의 늦은 퇴근 시간에 맞춰 산행을 겸해 오붓하게 드라이브를 가지려 계획했다. 자정 무렵에야 갓바위에 오른 우린, 산 정상의 경관에 취해 흡족한 기분으로 집에 돌아가려던 참이었다. 산 아래 어둑한 주차장에서 그 부부를 만났던 것이다. 몹시 다급하게 차를 세운즉슨, 야간산행 중 그만 길을 잃어 산 반대편으로 들어섰던 모양이다. 이 시간에 얼마나 당황했을까? 기꺼이 남을 도울 수 있다는 것에 흐뭇했다.

근무할 때였다. 겨울철이라 골목길도 일찍 어두워졌고 행인도 드문 퇴근 무렵이었다. 허름한 차림의 한 중년 남자가 낯선 곳에 온 양, 문을 열고 두리번대더니 조심스레 보따리 하나를 민원대에 얹어놓았다. 꽤 무거워 보였다. 검은 비닐에 겹겹이 싸인 동전 뭉치였다. 얼마 되질 않으니 불우이웃돕기에 써달라며 머쓱한 표정을 지었다. 그러고는 나중에 봐서 필요하면 돈을 더 내놓겠다는 말만 남기고 총총히 사라졌다. 익명의 기부자인 셈이다. 말로만 전해 듣던 일이 잠깐 사이에 벌어져 벙벙했다. 미담사례인지라 급기야 상부에 보고하기에 이르렀고, 다음날 일부 언론으로부터 '의로운 사람'으로 크게 알려졌다.

다들 궁금해 했다. 몇몇 단체에서 질문이 쇄도했다. 어디 사는 분이고 이름과 직업이 또 뭐냐는 등, 연일 당시 상황에 대해 인터뷰 요청까지 왔다. 당시 동사무소 사무장이었던 나는 난생처음 방송 카메라 앞에 서기도 했다. 라디오 생방송에서도 가당찮은 목소리가 퍼져 나갔다. 아니나 다를까, 그 사람은 며칠 후 또 요술쟁이처럼 나타났다. 이젠 금액이 더 많았다. 수표였다. 더 놀라지 않을 수 없었다. 신상에 대해 무엇이라도 좀 알아내려는 심사로 잠시 앉아서 차라도 한 잔 나누기를 간청했다. 묵묵히 종이컵을 다 비운 그는 "절대로 언론사에 알리지 마라."고 당부하고 떠났다. 새로운 고민에 빠졌다.

그 일은 다음날 더 크게 보도되었다. 주변에서는 뭔 시리즈를 보듯 숨을 죽이며 즐기고 있는 형국으로 번져갔다. 이구동성으로 "세상에 이런 일도 있다니, 아직 정의는 살아 있어." 희망적인 말이 꼬리를 물고 나갔다. 그러고 며칠이 지났다. 아니 한 달이 다가오고 있었다. 그런데 이제 그분은 더 나타나지 않았다. 조바심이 났다. 연일 주변에서는 어찌됐느냐며 재촉했고 신원이라도 파악해 보라며 닦달했다. 난감했다. 아무 데도 알리지 말라고 했는데 이렇게 일을 크게 벌여 놓았으니……. 분명 그는 의도하는 바가 아니라고 여겨 심기가 불편했을 것이다.

후회가 되었다. 굴러온 복덩이를 놓친 모양새로 흘러갔다. 더 좋은 방향으로 일이 진전할 수 있었는데도 현 세태의 조급성과 나의 짧은 생각으로 미담은 여기서 중단되고 말았다. 관의 입장에서는 좋은 일이니 널리 알려야겠다는 발로에서 행한 것이지만, 그에게는 부담으로 작용했던 모양이다. 무슨 말 못 할 시련을 겪었거나 그럴 만한 사유가 있는 걸까? 나름대로 추측을 해보았다. 그러나 그건 중요하지 않다. 그는 우리보다 한 단계 앞선 사람이었다. 덕을 실천한 수행가요, 삶의 모범가인 것이다. 본심을 헤아리지 못하고 덜컥 일을 확대한 것이 못내 아쉬웠다.

"오른손이 하는 일을 왼손도 모르게 하라."는 말이 있다. 내세우기를 좋아하는 건 존재의 의미일까, 흔히 별거 아닌 것을 들어내 그 결과에 집착하는 경우를 보게 된다. 자신을 알린다는 차원이 아닌, 남보다 우위에 있다는 것을 과시하는 건 아닐는지. 그런 생각을 갖게 되면 결과는 보나마나이다. 이미 효과는 반감되고 만다. 이 바쁜 세상에 자기 자랑만 해대면 아무도 거들떠보지 않을 것이다. 남보다 뛰어나려면 그 만큼 노력을 해야 하고 책임도 뒤따르는 법, 주의를 하지 않을 수 없다.

우리 옛 조상은 없는 살림에도 밥 한술 내어주고, 특히 길가는 나그네에게 아무런 대가 없이 방을 선뜻 내어주기도 했다. 그 미풍양속이 대대로 이어져 오고 있다. 요즘 들어 부쩍 시혜, 베풂, 도움을 주는 것이 많은 주목을 받고 있다. 복을 받는 일에서 이젠 복을 짓는 일에 신경을 쓰게 되었다. 곳곳에 남을 도우려는 움직임이 활발하다. 아무런 대가 없이 남을 돕겠다는 사람이 늘어나고 있다. 그나마 누구를 도울 기회가 주어진다면 응당 감사한 일이다.

아까 팔공산 젊은 부부는 무사히 잘 도착했을까, 부부 중 어느 누구의 고집으로 그런 황당한 일이 벌어졌으며 혹시 집에 가서 큰 말다툼은 하지 않았을까? 과연 나라면, 그 시간에 가는 차를 세워 타고갈 수가 있었겠는지, 이런저런 생각이 꼬리를 문다. 젊은 부부는 내내 미안해하며 우리가 가는 데까지만 가서 중도에 내려 달라고 했다. 택시를 타거나 또 다른 분한테 부탁을 하겠단다. 갸륵한 마음이다. 이 밤중에 그런 고생을 하게 할 수는 없었다. 결국 목적지까지 태워 주었더니 차비라며 돈까지 건네 우린 한사코 다시 손에 쥐여 주었다. 젊은 부부는 차가 보이지 않을 때까지 손을 흔들며 감사해 했다.

아랫목

아침에 일어나 어슬렁대며 아파트 창가를 내려다본다. 앙상한 가지에 몇 남은 은행잎, 부는 찬바람에 견디지 못하고 곤두박질 친다. 괭한 마음에 남은 한 가닥 감상에라도 젖어보고 싶지만, 밤새 거실이 냉방이었음을 알고 포기하고 만다. 나에게 실용성을 따지자면, 이 추위를 슬기롭게 극복하는 방법은 옷을 두껍게 입는 것뿐이리라.

아이들이 다른 지역으로 다 떠나고 아내와 둘이 남았다. 넓은 집에 산다는 것이 외롭고 힘들다는 말은 들어온 터, 이럴 때를 말하는가 싶다. 가을도 겨울도 아닌 십일월, 어중강한 계절에 집 전체에 난방을 한다는 건 아무래도 무리이긴 하다.

그 옛날 시골 아랫목이 그립다. 초저녁 아궁이에 불을 지피면 이튿날 새벽녘까지 후끈거렸다. 마을 아랫집엔 겨우내 땔감 걱정 없이 불을 때 놓고 거무스름하게 탄 장판 위에 맘껏 뛰노는 친구들이 부러웠다. 윗간은 연세 많은 할아버지와 할머니 그다음 부모님이 차지하지만, 아이들은 그걸 당연하게 여겼다. 집안 서열을 아랫목 차지로 가늠할 수 있었던 때다. 학교를 파하고 집에 오면 "내 새끼 춥제?" 하며 얼른 이불 속으로 들어오라며 꼭 안아주시던 할머니 품속을 잊지 못한다. 얼굴엔 콧물이 흘러내린 자국을 온 겨우내 달고 살았다.

장작불을 피우는 것은 상당한 기술이 필요했다. 자꾸 들쑤시거나 나무만 대고 넣었다가는 새벽녘 일찍 식어 추위에 떨어야 할 각오를 해야 한다. 황토로 만든 방고래를 통해 열기가 오래 가도록 해야 하는 게 관건이었다. 그 일은 아버지가 도맡았다. 당시엔 구들을 잘 놓은 사람이 대우를 받던 시기였다. 아궁이에 불이 잘 붙으면 굴뚝의 연기도 리듬을 타 멀리 동구 밖에서 보면 풀풀 하늘로 날아가는 것이 경쾌해 보인다. 저녁상을 물리면 온 가족은 한 평이나 될까 한 아랫목으로 모여든다. 어두운 이불 속에서는 낯익은 손이며 발이 서로 토닥이며 통성명에 바쁘다.

그 후 도시에서의 연탄아궁이도 아랫목의 위력은 마찬가지였다. 구들목에는 늘 밥통이며 메주가 정성스레 싸여 있었다. 그래 늘 북적거릴 뿐만 아니라 삶의 연결고리가 된 셈이다. 찬바람에 문풍지가 밤새 후들대도 좁은 방엔 훈기가 돌았다. 그런 포근함이 점차 사라져 안타깝다. 조곤조곤 이어지던 얘기며 웃음소리 대신, 요즘 보일러엔 '찍찍' 온수 돌아가는 소리가 거슬린다.

내 생활공간에 플라스틱 호수가 깔렸다는 생각이 께름칙하기도 하고 수맥하고도 연관을 지으면 괜히 머리가 무거워진다.

방고래의 역할이 충분하면 그만큼 열기도 가속을 낸다. 어른들은 추울 때 '뜨신 방에 누워 허리를 굽는다.'는 말을 자주 한다. 그러고 나면 몸이 훨씬 개운해져 웬만한 통증이 신통하게 낫는다고 했다. 이제 그 아랫목에는 거대한 소파나 장롱이 차지하고 있다. 앞 벽면엔 갓을 쓴 할아버지며 가족의 흑백 사진은 간 곳 없고 티브이가 떡하니 놓여있다. 홍시나 군고구마를 먹으며 이마를 맞대던 추억이 그것들로 인해 뚝 끊겨 버렸다. 점차 상대를 알 기회가 사라지고 말았다.

그런 탓일까, 사회생활도 많이 변했다. 확실히 춥거나 더운 것이 없거나 삼한사온의 전환이 불분명해졌다. 무덤덤하다. 불규칙하게 흘러가다 보니 별로 감흥이 없고 생동감도 줄어들었다. 봄꽃이 겨울에도 피고 가을꽃이 여름에도 피는 야릇한 풍광들에 고개를 갸웃대지만 별수 없다.

온돌방이 그대로 있었으면 괜찮았을지도 모르는데…. 위아래 구분이 없어져간다. 아랫목에서 어른이 충고하거나 통제하는 기능이 상실되었다. 어른이 정보를 제공할 만한 것도, 위엄도 없으니 밖에 나가면 똑같은 선상에서 뛰어야 한다. 아랫목이 없다는 것은 서열이 없어진 것이고 기득권이 무너진 것이리라. 저 떨어지는 은행잎을 보며 아랫목을 그리는 것은 마지막 내 존재감의 상실일지도 모른다. 거실에 넓게 차지한 그 소파 자리에 언뜻 육손 할배의 잔영이 머문다.

일기예보는 연일 영하로 떨어진다고, 두툼한 옷차림에 건강관리를 당부한다. 우리 집 아랫목은 진전될 기미가 없다. 어쩌다 주말에 아이들이 오면 인구밀도 증가로 잠시 추위에서 해제될 수는 있다. 이른 새벽부터 긴 마스크를 쓰고 낙엽을 쓰는 경비원에게 "까짓것 쓸지 않고 놔두면 어떠냐."고 해보지만, 개중엔 그걸 문제 삼는 사람이 있단다. 그들을 바라보며 아랫목을 이야기하는 게 미안한 아침이다. 이 긴 겨울을 나자면 저 달력을 또 얼마나 쳐다봐야 할지 장담할 수 없다.

거울 품속에서

한 번도 거부한 적이 없었다. 전혀 거짓이 없다. 하라, 하지 마라 명령도 하지 않고 그저 묵묵히 바라만 볼 뿐이다. 있는 그대로를 보여주니 미덥기까지 하다. 그래 누구나 만만하게 거울 앞에 서게 되고 내비쳐 주는 결과를 겸허하게 받아들이게 된다. 하지만, 묵묵하게 응시하는 그 눈망울에서 스르르 제풀에 꺾인 적도 많다. 오만가지 상념에 젖어들기도 하는데 빛이나 전기가 빠르다고 하지만 거울보다 더 적나라하게 전해져 올까 싶다. 외로울 때 지켜주는 벗이요 구원자다.

거울의 위풍을 모르는 사람이 어디 있으랴. 보고 있으면 절로 마음이 숙연해진다. 거울을 보려는 것은 내가 건재하다는 뜻이기도 하지만, 지금 처한 상황을 냉철하게 분별키 위함이다. 잘잘못을 얼마만큼 했는지를 뉘우치기도 하고, 본디 모습에 대한 회의감이나 자신감을 직시하게 된다. 큰소리나 치고 욕심만 부렸던 모습이 비칠 때는 부끄럽다. 하지 말라는 것을 기어코 하고

서 후회하는 일이 얼마나 많았던가. 그새 얼굴은 찌푸린 모양으로 돌아섰다.

마음이 혼란스러우면 거울을 닦아본다. 덕지덕지 묵은 때가 마음도 어지럽게 만들어 놓았다. 집 세면장 거울을 닦는 것은 내 차지가 되었다. 사그라지는 몸을 추스르려는 방편이기도 하지만, 새 힘을 얻기 위해서다. 물뿌리개로 확 뿌려놓고 조금씩 휴지로 닦아나간다. 환한 영역을 넓혀 나가는 재미는 한 치의 땅도 소유하지 못한 내가 마치 내 땅을 개척하는 쾌감과도 같다. 영롱한 이슬이 또르르 구르면 더 보기 좋을 것 같은, 말간 거울을 바라보면 무척 흐뭇하다. 티 없는 나를 만들고 싶은 생각도 슬며시 되살아난다.

멋을 부리려고 거울에 서는 시간을 좀 줄여야겠다. 허상일랑 훌러덩 벗어던지고 참 모습을 평가하는 데 더 할애하면서 말이다. 요즘 화장실을 가보면 벽면 여기저기에 거울을 부착해 놓았다. 조용히 혼자 잊기 쉬운 자신을 한 번 비추어 보라는 호의일 게다. 빠트릴 수 없는 생활의 한 부분이다. 지친 삶, 잠시 나를 잊고 흥청거리는 삶을 보게 되면 깜짝 놀란다. 나이를 들면 거울과 점점 멀어지는가 보다. 중년의 모습, 피곤함에 겹쳐 어딘가 돌파구도 없어 보이는 나약한 모습을 보면 실의에 빠질 때가 있다.

그 속엔 갖은 사연을 담고 있다. 과거와 앞날을 가늠케 하는 소중한 순간 그리고 추억들. 외려 너무 솔직해서 민망스럽기까지 하다. 눈매가 또렷이 살아있거나 피부에 윤기가 흐르면 다행이다. 확신이 있을 때는 모습도 당당하다. 반해 피로에 겹친 몰골을 접하게 되면 자신도 모르게 절인 배추마냥 힘이 빠진다. 그런 날은 무슨 중병이라도 있는가 싶어 덜컥 겁도 나고, 종일 일이 손에 잡히질 않아 허둥댄다.

때로 거울을 보고 멀리 튀고 싶기도 하다. 어디든 숨고 싶다. 지금의 환경을 벗어나 새로운 위치에 나를 우뚝 얹어 두고 싶어진다. 세상은 테두리를 그어 이것저것 금지를 시키지만 더러 일탈하고 싶은 충동이 이는 것이다. 어디 나쁜일까.

스스로 얽맨 것에서 멀어져야 하건만 마음뿐이다. 어려운 여건에서도 인간승리를 이룬 사람이 얼마나 많은가. 지금도 세상은 좁고 할 일이 많다고 강변하는 사람이 많다. 쳇바퀴 돌 듯 끊임없이 휘도는 세상, 어둠처럼 밀려오는 유혹을 이겨내야 한다. 얽히고설키어 그 끝이 보이지 않아도, 아무리 찾아봐도 현명한 대답이 없어도 그래야 한다. 얼마 안 가서 아무것도 아님을 알게 될지언정 우리는 끝까지 책무를 다하여야 하는 것이다.

거울이 아니더라도 간혹 사진을 보면 깜짝 놀란다. 정작 내 모습이 이렇단 말인가. 누구 못지않게 사진 찍기를 좋아하지만,

찍고 나서는 또 지우기가 바쁘다. 스스로 허용할 수 없는 표정이나 돌아다닌다고 생각하면 괜히 불안해진다. 머잖아 직장을 그만두면 좋을 것 같아도 문제는 게을러지고, 결국 없던 병도 생겨 오래 살지 못한다는 경험담이 두렵게 만든다. 오늘같이 비 오는 날, 거울에 비친 맨얼굴을 보노라면 나는 더욱 힘이 빠지고 우울해진다.

끝없는 돌팔매질, 바쁜 세상은 가만 놔두지 않는다. 자꾸 거절과 간섭이나 받는다면 서로 피곤한 일, 모든 걸 다 받아들이는 아량으로써 좀 쉽게 사는 수가 없을까. 물론 아프지 않고 큰 걱정 없이 말이다. 가진 것 없고 희망도, 잘한 것도 없으면서 잘 봐 달라고 하기엔 힘이 부친다. 온전한 데가 없이 곳곳이 멍들어 기력조차 쇠잔해지면 불끈 거울 앞에 다가선다. 한참을 보고 나면 아름다운 것이 눈에 들어와 찬다. 어느새 좁은 마음을 넓혀 주는 것이다. 순간 긍정의 물을 먹고 사는 밝고 깨끗한 사회를 바라게 된다.

책상 위에 거울이 덩그레 놓여 있다. 누가 나를 어떻게 볼지 궁금해서 못 견딜 때가 있다. 필시 외롭거나 괴로운 날이다. 두 눈을 부라리기도 하고 입을 실룩대며 희로애락의 표정을 지어본다. 넋 놓고 바보 표정도 짓는다. 여태 경험하지 못한 표정에서 또 다른 나를 발견하고는 결국 너털웃음으로 답한다. 또 다른 횡

재가 아닐 수 없다. 그래 나는 거울을 떠날 수 없는가 보다. 전혀 거리낌 없는 그와의 관계에 재삼 놀란다. 나름대로 마음의 정리가 되면 마음이 후련해지고 힘이 난다. 의욕이 불쑥 솟을 때면 땅속 깊이 묻혔던 옥을 캐내듯 명쾌한 결단을 내린다. 거울 속에서 씽긋 웃으며 하루를 시작하고, 휴 안도하며 하루를 거둔다.

멀리 뛰어봤자, 난 비좁은 거울 품속에서 맴돌 뿐이다.

겨울 금호강

금호강은 잿빛이다. 한 해 아낌없이 퍼주고 생명을 키웠던 강, 그 풍요로움을 다 떨구고 어두운 장막에 덮여 있다. 넘치도록 껴안고 베풀며 보듬어 주었던 시간을 거두고 숨을 죽인다, 이젠 숙명처럼 긴 겨울에 맞서고 있다.

금호읍 강변 구릉지 갈댓잎이 바람에 흔들릴 때 비파 소리와 같은 아름다운 소리를 낸다는 데서 이름 붙은 금호강은 이곳 영남 땅의 젖줄이다. 대구선 열차가 강을 끼고 달리고 요즘엔 자전거 도로가 잘 닦여져 많은 동호인들이 찾고 있다.

나는 석양이 질 무렵 금호강을 자주 찾는다. 반갑다는 듯이 물고기가 '퍼덕'대기도 하고 황금빛으로 반사되는 물결은 아무리 감성이 마른 사람에게도 뭔가 한 곡조 풀어놓게 한다. 겨울 강은 꿈과 사랑, 생명을 일깨운다. 텅 비어 허전한 것 같아도 차가운 물속에 청둥오리가 떼 지어 노는 모습, 왜가리 한 쌍이 긴 목을 숙여 먹이를 찾는 모습은 맑은 그림이 된다. 마침내 휑한 바람이 훑어 지나갈 때 땅 위 마른 풀은 서로 움켜잡고 떨어지지 않으려 한다.

금호강은 강물을 돌돌 굴리면서 매무새를 고쳐 잡고 있는 중이다. 머잖아 다시 화려해질 날이 올 것을 알기에 침묵하는 걸까, 못 본 체 잠시 세상과 담을 쌓은 듯하다. 때론 사람들이 와 헤집고 몹쓸 짓을 해도 싫은 내색 한 번 없이 넉넉히 다 받아주던 강이다. 폭우가 쏟아지고 태풍이 몰아칠 때 온 가슴으로 보듬으며 지키려다 할퀴어 터지는 아픔을 우린 보지 않았던가. 하지만 그 모든 것을 제 부덕인 양 쓸어안고, 이내 둑을 쌓고 길을 내었다.

온갖 꽃들을 피워내며 활력을 불어주었다. 겨우내 꽁꽁 얼어붙은 땅속에 움트는 새싹을 감싸주기도 하고 또 두드려 깨워주었다. 새 힘을 얻어 돌아가게 하는 저 장엄한 선의에 절로 고개가 숙여진다. 사방이 꽉 틀어 막혀 어찌할 바를 모를 때 나는 강을 찾게 된다. 부르지 않아도 발길은 그 곁에 가서 읊조린다.

내게 저 강이 없다면, 더더욱 저 겨울 금호강이 없다면 어찌 봄을 노래하고 앞날을 계획할 수 있을 것인가. 희망이 없어 어찌할 바를 모를 적에 그 너른 가슴을 보고 위안을 받기도 한다. 그런 시간이 없었다면 헤쳐 나아가기가 어려웠을 것이다.

때론 이별을 이야기한다. 이 강에서 저 강을 바라보며 헤어짐을 상징하는 것, 그 슬픔은 많은 노래를 낳기도 했다. 정든 사람을 떠나보내는 아쉬움엔 꼭 강이 은유 된다. 그래서 강변에 사는 사람은 정도 많고 사유의 폭이 넓은가 보다. 북적이는 세상 속에서 비록 정신이 혼미해질지언정 한 번도 제 본분을 놓은 적 없었다.

쓸쓸히 낙엽 지고 갈대가 서걱대며 철새가 노니는 곳, 지금 금호강은 겨울 채비에 한창이다. 강가 소담한 찻집이라도 있으면 좋겠다. 장작불 위 주전자에 허연 김이 솟는 곳, 〈그 겨울의 찻집〉 노래가 잔잔히 흐른다면 더욱 좋겠다.

강은 오히려 침묵함으로써 귀하다. 지난 세월의 격정, 파란 많았던 역사를 고스란히 안고 있으면서 우리가 어떻게 살아가야 할지를 알려준다. 겸손을 배운다. 오만과 객기를 부려도 이곳에 오면 아무 쓸모없다는 것을 알게 된다. 밤이 되면 홀로 견뎌내야 할 고독에도 아랑곳없이 내일 아침 솟아오르는 해를 그리워하는 겨울 금호강, 나는 또 알듯 모를 듯 그 깊은 뜻을 읽으려 찾을 것이다.

어머니의 노랫소리

다리가 아프신 어머니는 만날 집에만 계셨습니다. 앉아 있기가 힘들어 누워계실 때가 더 많았지요. 휠체어가 있긴 하지만 한 번 외출했다가 오면 도리어 몸살을 앓으시니 쉽게 나다닐 형편도 못 되어 늘 안쓰럽기만 했습니다.

지난 가정의 달, 유난히 봄빛이 좋은 날이었습니다. 나는 어머니를 승용차에 태워 바깥 구경 시켜드릴 요량으로 조심스레 말을 꺼냈지요. "어머니, 예전 우리가 살았던 동네가 많이 변했을 텐데 오늘 꼭 같이 가보고 싶습니다." 자식을 위해서라면 거절을 못 하실 줄 알기 때문에 드린 말씀이었습니다. 물론 일찍 갔다 오리라고 거듭 약속을 하고 출발할 수 있었지요.

어릴 적, 아버지는 대구 미팔군 부대에 근무하셨습니다. 길게 늘어진 벽돌 담장만 보면 금방 기억해 낼 수 있었어요. 가족이 시골에서 이사를 온 후, 그 부근에서 이십여 년 간을 살았습니다. 그런데 아버지가 오랜 병환 끝에 돌아가시자 우린 생활고로 결국 집을 팔게 되었고 급기야 다른 동네를 전전할 수밖에 없었습니다. 아픈 추억이 있는 곳이라 쉽게 잊을 수가 없습니다. 지금은 새 아파트가 들어서서 그 당시의 흔적은 사라졌지만, 주변 길이랑 일부 간판이 남아 있었기에 기억해 내는 데는 그리 어렵지 않았습니다.

문방구 이름이 바뀌었지만, 그 모습대로이고 우리 삼 형제가 다녔던 초등학교 정문이며 좁은 후문도 그 자리에 있었습니다. 때마침 낮은 담장 위로는 빨간 장미가 곱게 피어 반겨주었어요. 본 나이보다 호적 나이가 늦게 된 저를 입학시키려고 무척 애를 태웠던 것이며, 운동회 때 어머니의 손을 잡고 달리기를 하다 넘어져 엉엉 울었던 일들이 뇌리를 스쳐 갔습니다. 설핏 차 뒷거울을 보니 어머니도 그때의 상념에 잠기는 듯했습니다.

비가 오면 우산을 들고 아버지가 퇴근하는 문 입구에서 기다렸던 그 삐죽 솟은 철문도 보였습니다. 고통을 호소하는 아버지의 약을 사러 다녔던 약국도 그대로 있었습니다.

"얄궂어라. 아직 저 집이 그대로 있네. 네 친구 정윤이 집은 어디 있노?"

"아, 저기 있네요. 저기."

용케도 어머니는 그 기와집을 기억하고 있었으며 한동안 우린 어린애같이 떠들며 시간 가는 줄 몰랐습니다.

끝내 어머니도 숙연해지며 눈시울이 붉어지셨습니다. 그 모습을 아들에게 내보인 게 부끄러운 듯, “이제 고마 가자.”라며 채근하셨어요. 차를 두 시간 이상이나 타니 피곤할 때도 되었지요. 그래도 마음은 편해 보여 오늘 여행에 흡족해하며 동네를 빠져나왔습니다.

“어머니, 국밥이 좋으세요. 묵밥이 좋으세요.” 돌아보며 물었습니다. “그냥 가자, 말라꼬 헛돈 쓰노.” “모처럼 나왔는데 외식 한번 하시지요. 지금 집에 가면 밥도 없을 걸요.”

어머니는 다소 지쳐 보였습니다. “그라마, 묵밥이나 한 그릇 하든지.” 주문하고 마주 앉았습니다. 침묵이 흘렀습니다. 구순을 바라보는 어머니는 퍽 불안해 보였습니다. 밖에서 이렇게 가까이한 적이 별로 없는 데다 자꾸 갈수록 자신감을 잃어가는가 싶어 마음이 아파왔습니다. 밥 위에 김치를 놓아드리니 “안 먹어, 안 먹어.” 그 모습이 마치 어린아이와도 같았습니다. 다행히 묵밥은 맛이 좋았고 어머니도 저도 한 그릇을 다 비웠지요.

그런데 한사코 어머니께서 계산하시려는 것이었습니다. 자식한테 한 푼 두 푼 받은 돈으로 꼭 사시고 싶었던 가 봅니다. 그렇게 하도록 하였습니다. 마침 개업집이라서 오천 원짜리를 삼천 원만 받는다니 “오늘 돈 벌었네.” 하시며 싱글벙글하셨습니다.

근 사십여 년 만의 외출인가 싶습니다. 이렇게 갔다 오면 될 것을, 고향이나 다름없는 곳을 너무 오래 잊고 살았습니다. 비록 짧은 여행이었지만 진작 가보지 못한 걸 후회했습니다.

차 안 라디오에서는 이미자의 〈동백 아가씨〉 노래가 애잔하게 흘러 나왔고 어머니의 가느다란 노랫소리도 이팝나무 가로수 새로 흩어졌습니다. 어머니는 잃어버린 추억 하나를 어렴풋이 기억해 내신 듯했습니다. 나는 울컥 목이 메었습니다.

그 후, 표정이 한결 밝아 보였습니다. 가끔 가다가 등을 긁어 달라며 깡마르고 거친 등을 내밀기도 했지요. 힘들게 살아오신 상흔이 점점이 박혀있는 듯 애처롭기까지 했지만, 어머니는 부끄러워하지도 않았습니다. 자식을 등지고 넙죽이 팔을 집고 엎드려 있는 게 어쩌면 가장 행복했을 순간인지 모릅니다. 왠지 이제 얼마 살지 못할 것이라는 예감이 얼핏 스쳐지나가 눈물이 맺혔습니다. 수고비는 천 원이라며 양손을 내밀면 "외상 달아 놔라."며 천진난만한 미소를 지어 보였습니다.

그러나 어머니는 몇 달을 넘기지 못했습니다. 점점 식사를 못하시더니 기력을 잃어 결국 병원에 입원한 후, 엿새만에 돌아가셨습니다. 참 허무했습니다. 내게 큰 기둥이 되어 지키고 섰던 것이 꽃잎이 피고 지듯 그렇게 사라지다니 생과 사가 크게 다르지 않았습니다. 이제 등을 긁어 줄 분도, 돈 천 원 달라며 어리광을 피울 대상도 없습니다. 문을 열어 "누구고." 하며 반겨줄

분도 없습니다.

누구고,
인기척에 엄마는 내다본다

밤새 통증으로 잠도 못 이루신

아, 그건
미음 한 사발
엎어지는 소리였다

– 자작시 〈독거〉

수림장에 모시던 그날 억수비가 쏟아졌습니다. 차에 모시고 옛날 살던 마을에 외출했던 게 마지막이 되고 말았습니다. 오가는 영구차에서 흘러나오는 장송곡은 이팝 꽃 흩날리던 그날 어머니가 부른 슬픈 곡조로 변해 내내 가슴을 울렸습니다.

김병락 수필집

매호동 연가

인쇄 2019년 1월 4일
발행 2019년 1월 8일

지은이 김병락
발행인 서정환
펴낸곳 수필과비평사
주소 서울시 종로구 삼일대로 32길 36(익선동 30-6 운현신화타워 빌딩) 305호
전화 (02) 3675-3885 (063) 275-4000 · 0484
팩스 (063) 274-3131
이메일 shina2347@naver.com essay321@hanmail.net
출판등록 제300-2013-133호
인쇄 · 제본 신아출판사

ISBN 979-11-5933-203-6 03810

값 13,000원

이 도서의 국립중앙도서관 출판시도서목록(CIP)은 서지정보유통지원시스템 홈페이지(http://seoji.nl.go.kr)와 국가자료공동목록시스템(http://www.nl.go.kr/kolisnet)에서 이용하실 수 있습니다.(CIP제어번호 : CIP2019000234)

Printed in KOREA